广西第二期中职名师培养工程学员专著系列

丛书总主编：王　晞　张兴华

广西电子商务发展研究

谭汉元　陈伟梅　著

北京理工大学出版社
BEIJING INSTITUTE OF TECHNOLOGY PRESS

版权专有　侵权必究

图书在版编目（CIP）数据

广西电子商务发展研究 / 谭汉元，陈伟梅著 . —北京：北京理工大学出版社，2021.6

ISBN 978-7-5682-9122-4

Ⅰ. ①广… Ⅱ. ①谭… ②陈… Ⅲ. ①电子商务-产业发展-研究-广西 Ⅳ. ①F724.6

中国版本图书馆 CIP 数据核字（2020）第 189761 号

出版发行 /	北京理工大学出版社有限责任公司
社　　址 /	北京市海淀区中关村南大街 5 号
邮　　编 /	100081
电　　话 /	（010）68914775（总编室）
	（010）82562903（教材售后服务热线）
	（010）68948351（其他图书服务热线）
网　　址 /	http：// www.bitpress.com.cn
经　　销 /	全国各地新华书店
印　　刷 /	保定市中画美凯印刷有限公司
开　　本 /	710 毫米×1000 毫米　1/16
印　　张 /	7.25
字　　数 /	95 千字
版　　次 /	2021 年 6 月第 1 版　2021 年 6 月第 1 次印刷
定　　价 /	52.00 元

责任编辑 / 刘　派
文案编辑 / 刘　派
责任校对 / 周瑞红
责任印制 / 李志强

图书出现印装质量问题，请拨打售后服务热线，本社负责调换

总 序

2008年,广西全面启动了首轮3年职业教育攻坚战;2011年,广西又进行了为期5年的深化职业教育攻坚。2009年,广西壮族自治区人民政府与教育部签订了《国家民族地区职业教育综合改革试验区共建协议》;2013年再次与教育部签署了深化共建试验区的协议。两轮职业教育攻坚、两次部区共建职业教育试验区,推动广西职业教育发展步入快车道。随着国家《中国制造2025》《现代职业教育体系建设规划(2014—2020年)》《高技能人才队伍建设中长期规划(2010—2020年)》的实施、"互联网+"新业态发展与"一带一路"合作倡议的提出,特别是近年来《国家职业教育改革实施方案》《深化新时代职业教育"双师型"教师队伍建设改革实施方案》等一系列加快职业教育技术技能型人才培养、深化职业教育与高素质"双师型"教师队伍发展的战略举措出台实施,为广西职业教育的发展带来了新机遇、新挑战,也提出了新目标、新要求。

"兴教之道在于师"。加快发展现代职业教育,提升技术技能人才培养能力,教师队伍建设是关键。广西壮族自治区教育厅从2010年开始实施广西中等职业学校名师培养工程,为广西中职名师的脱颖而出铺路架桥,着力打造一支高素质、高层次、专家型的广西中职名师队伍,提高广西中职教师队伍整体建设水平,促进完善德技并修、工学结合育人机制,推动广西中等职业教育质量提升和现代化发展,为促进广西经济社会发展提供优质技术技能人才资源支撑。在广西第一期中等职业学校名师培养工程(2010—2015年)取得良好成效的基础上,广西师范大学作为承办单位,在广西第二期中等职业学校名师培养工程(2016—2019年)实施过程中,进一步探索中职教师专业发展规律,采取"多元开放、理实交融、项目驱动、道技相长"四位一体的培养模式和"结构化与个性化结合、技能性与学理性并重、导师制与自驱动共融"的培训策略,将阶段性集中培训、岗位自主研修和全过程跟踪指导有机结合,实现对中职名师培养对象的多维度、系统化培养。

教师的发展与提高,一靠内生动力,二靠资源条件。教师专业化培训是帮助教师学习、提高教育教学技能与实践创新能力的重要途径。广西中等职业学校名师培养工程为有发展潜质和强烈进取精神的优秀中职教师搭建一个视野宽广、资源丰富的学习和锻炼的高层次平台,创造一个中职优秀教师集聚的学习型组织、一个共同发展的精神家园。中职名师并非可以通过培养工程项目结业一蹴而就,因为中职名师需要实践的锤炼和时光的磨砺,需要更多实绩的证明和社会的认同。如果被培养者有强烈的自主发展意识,有主动学习的动力,珍惜培养机会,挖掘自身潜能,认真向导师、同伴学习,在教育教学实践中不断超越自我、追求卓越,那么善教学、会研究、有创新,获得学生欢迎、行业认可的中职名师就一定会层出不穷。

令人欣喜的是,广西第二期中等职业学校名师培养工程的学员们在3年培养期里取得了突出成绩,涌现出国家"万人计划"教学名师、全国优秀教师、广西教学名师、特级教师等新一代中职教育领军人物,在广西中职教师群体中发挥了示范引领作用,成为广西职业教育发展的中坚力量。广西中等职业学校名师培养工程已经成为广西中职师资培训的特色品牌,被誉为"着眼和服务广西职业教育未来发展的教师教育工程",在广西中职教师队伍建设工作中具有里程碑的意义。

着眼于进一步发挥中职名师培养对象的社会贡献,辐射培训基地师资培养经验,"广西第二期中职名师培养工程成果书系"得以编纂出版,使广西广大中职教育同仁能够共享这一优秀师资培训工程的资源与成果。在这套成果书系中,生动地呈现了善学习、会思考、充满责任感和使命感的培养对象、专家导师等个体形象，以及由他们共同组成的优秀教师群体和专业化培训团队的形象。学海无涯，总结提炼其求索成长路上的进取与感悟、心得与智慧，对广西中等职业学校名师培养工程具有一定的借鉴意义。

中职教师队伍的建设，任重道远；中职教师教育的创新，前路漫漫。诚愿广西中等职业学校名师培养工程系列成果能在关心广西中职教育的教育工作者和业界朋友中引起共鸣，进一步激活广西中职教育发展的蓬勃力量和无穷智慧，为广西职业教育改革发展提供人才保障和智力支持做出更多贡献。

是以为序，与广大中职教育同仁共励共勉。

本书编委会

前 言

目前,电子商务作为21世纪发展最快的行业之一,在企业、行业、政府的应用越来越广泛,网商、微商、网红等新概念迅速冲击更新着人们的观念。现在的电子商务大多数购买分享的模式,分享后就成为微商。地处祖国边陲的广西正在奋力建设壮美广西、共圆复兴梦的征程上,电子商务被广西赋予了新的内涵,"电商广西"、"电商东盟"、"党旗领航·电商扶贫"、"壮族三月三"国际电商节、"电商扶贫我为家乡代言"、"电子商务进农村"等在八桂大地演绎着精彩的电子商务故事。广西电子商务发展经历了什么?发展程度又如何?电子商务发展存在哪些问题?电子商务在广西是怎么开展扶贫的?广西电子商务的人才供给平衡吗?广西电子商务开展的经典案例又有哪些?本书将从广西电子商务的应用情况、发展方向、人才培养、应用案例分析等方面介绍广西电子商务的应用发展情况。主要内容包括:介绍电子商务的由来与变迁;介绍广西怎样利用电子商务进行扶贫,以及广西传统民族节日、农产品怎样与电子商务融合;介绍广西电子商务的人才供给情况和人才培养模式;介绍广西电子商务在各领域应用的成功案例。

本书在撰写过程中,检索了众多网站的资料和参考了大量的相关文献,并得到了王思琴、莫雅云、李莹、周勇燕、宁维维和广西中职学校名师工程办公室工作人员的大力帮助,因而本书是名师工程的成果之一。承办单位指派马景峰老师为撰写导师指导作者,在此向他们表示诚挚的谢意。由于电子商务的发展异常迅速,加上大量新技术、新动向、新应用场景的不断出现,给本书的撰写带来一定的困难,书中可能存在某些纰漏和不足,恳请读者不吝赐教,让我们共同学习,以获更大进步。

广西第二批中职学校名师工程培养对象学员:谭汉元

2020年7月19日

目 录

第1章 电子商务基础知识 ········· 001

1.1 电子商务的产生与发展 ········· 001
  1.1.1 电子商务的定义 ········· 001
  1.1.2 电子商务的由来与变迁 ········· 002
  1.1.3 电子商务的基本模式 ········· 003

1.2 电子商务的发展 ········· 005
  1.2.1 电子商务的应用发展情况 ········· 005
  1.2.2 电子商务与微商并存发展 ········· 013

第2章 广西电子商务的发展 ········· 015

2.1 广西电子商务发展概况 ········· 015
  2.1.1 广西电子商务应用分布 ········· 016
  2.1.2 广西电子政务与信息化 ········· 029
  2.1.3 广西电子商务进农村综合示范项目 ········· 037
  2.1.4 广西电子商务与扶贫开发 ········· 046

2.2 广西壮乡民族文化与电子商务 ········· 048
  2.2.1 广西传统节日消费与电子商务 ········· 049
  2.2.2 广西农产品与电子商务 ········· 055

第3章 广西区域电子商务定位 ········· 063

3.1 跨境电子商务 ········· 063
  3.1.1 跨境电子商务的兴起与发展 ········· 063
  3.1.2 广西电子商务与东盟 ········· 064

3.2 广西电子商务与阿里巴巴 ………………………………… 065
  3.2.1 阿里巴巴与农村淘宝 ………………………………… 065
  3.2.2 广西电子商务与阿里巴巴 …………………………… 066

第 4 章　广西电子商务人才需求 ………………………… 069

4.1 总体需求情况 …………………………………………… 069
4.2 广西电子商务人才需求情况 …………………………… 073
4.3 广西电子商务人才培养情况 …………………………… 074
  4.3.1 院校渠道培养情况 …………………………………… 074
  4.3.2 社会渠道培养情况 …………………………………… 075
  4.3.3 人才引进方面 ………………………………………… 075
4.4 广西电子商务人才培养模式 …………………………… 075
  4.4.1 大中专院校的人才培养模式 ………………………… 075
  4.4.2 企业自身的电子商务人才培养模式 ………………… 076
  4.4.3 广西壮族自治区政府机构电子商务人才培养
     模式 …………………………………………………… 076

第 5 章　广西电子商务案例分析 ………………………… 078

5.1 电子商务案例分析方法 ………………………………… 078
  5.1.1 定量分析法 …………………………………………… 078
  5.1.2 内部因素分析法 ……………………………………… 078
  5.1.3 竞争策略分析法 ……………………………………… 079
5.2 电子商务销售芒果的典型案例 ………………………… 079
  5.2.1 广西田东县芒果种植情况 …………………………… 079
  5.2.2 广西田东县芒果电子商务基础条件 ………………… 080
  5.2.3 广西田东县芒果电子商务渠道情况 ………………… 081
  5.2.4 广西田东县芒果网销去向 …………………………… 081

5.2.5 广西田东县电子商务销售芒果的效果 …………… 082
5.2.6 对广西田东县电子商务销售芒果的综述及展望 …………… 082

5.3 广西横县阿里巴巴农村淘宝电子商务案例分析 ……… 083
5.3.1 阿里巴巴农村淘宝的背景 …………… 083
5.3.2 阿里巴巴农村淘宝的实施 …………… 083
5.3.3 横县农村淘宝项目实施的意义 …………… 085

5.4 广西农垦茶叶集团有限公司天猫旗舰店电子商务案例分析 …………… 087
5.4.1 广西农垦茶业集团有限公司简介 …………… 087
5.4.2 校企合作单位介绍 …………… 088
5.4.3 "校中厂"天猫旗舰店的诞生 …………… 089
5.4.4 校企合作电子商务运营的意义 …………… 090

5.5 广西凌云县电子商务进农村综合示范县案例分析 ……… 091
5.5.1 凌云县实施电子商务进农村综合示范县的电子商务基础 …………… 091
5.5.2 凌云县电子商务进农村综合示范县实施 …………… 092
5.5.3 公共服务体系建设方面 …………… 099
5.5.4 物流配送体系建设 …………… 099
5.5.5 培训系统建设 …………… 100

参考文献 …………… 102

第1章 电子商务基础知识

1.1 电子商务的产生与发展

1.1.1 电子商务的定义

电子商务（简称电商）是什么？电子商务这一概念从诞生起，就没有一个统一的定义，不同研究者、不同组织从各自的角度提出了对电子商务的定义和认识。

2003年之前，对电子商务认识是朦胧的，我们把电子商务理解为：运用现代通信技术、计算机和网络技术进行的一种社会经济形态，其目的是通过降低社会经营成本、提高社会生产效率、优化社会资源配置，从而实现社会财富的最大化利用，是一种新的社会经济形态。

2011年，电子商务不断渗透与应用到我们的生活中，更多的学者提出，可以把电子商务理解为四个字"电子"和"商务"，即首先理解什么是企业的商务活动，然后再理解电子商务。因此，这类商务活动的电子化便是广义上的电子商务。而企业的商务活动便是企业管理所涉及的一切活动。

到2019年，全球对电子商务有了更深入、更全面的解释定义。电子商务是指以信息网络技术为手段，以商品交换为中心的商务活动；也可以理解为在互联网、企业内部网和增值网上以电子交易方式进行交易活动和相关服务的活动，是传统商业活动各环节的电子化、网络化、信息化；以互联网为媒介的商业行为均属于电子商务的范畴。

电子商务通常是指在全球各地广泛的商业贸易活动中，在互联网开放的网络环境下，基于客户端/服务端应用方式，买卖双方不谋面地进行各种商贸活动，实现消费者的网上购物、商户之间的网上交易和在线电子支付以及各种商务活动、交易活动、金融活动和相关的综合服务活动的一种新型的商业运营模式。各国政府、学者、企业界人士根据自己所处的地位和对电子商务参与的角度和程度的不同，给出了许多不同的定义。电子商务分为ABC、B2B、B2C、C2C、B2M、M2C、B2A（B2G）、C2A（C2G）、O2O等模式。

电子商务是互联网爆炸式发展的直接产物，是网络技术应用的全新发展方向。互联网本身所具有的开放性、全球性、低成本、高效率的特点，也成为电子商务的内在特征，并使得电子商务大大超越了作为一种新的贸易形式所具有的价值，它不仅会改变企业本身的生产、经营、管理活动，而且将影响到整个社会的经济结构与运行。以互联网为依托的"电子"技术平台为传统商务活动提供了一个无比广阔的发展空间，其突出的优越性是传统媒介手段根本无法比拟的。

1.1.2 电子商务的由来与变迁

电子商务是在互联网发展、成熟的基础上产生的。早在1969年，美国国防部先进研究项目管理局建立了用于国防研究项目的ARPANET，以连接有关高校、研究机构和国防工程承包商的计算机系统，这是最早的计算机互联网络。

从1986年起，由美国国家科学基金会接手投资扩建成NSFNET，对各大学和科研机构开放，用于非营利性教学和科学研究方面，成为推动科学技术研究和教育发展的重要工具；1992年，美国政府提出"信息高速公路"计划，进一步加强对互联网的资金支持，并取消商业性应用的禁令，给电子商务发展铺平了道路；从1995年起，互联网主干网转由企业支持，实现商业化运营，电子商务进入快速成长阶段。网络学校、电子图书馆、网上书城、电子音乐厅、网上医院、电子社区、网上舞厅、电子棋室、网上投票、电子政务、网络幼儿园、虚拟购物中心通过互联网像雨后春笋在不断地成长和壮大。

2010年，中国电子商务也形成一套电子商务产业园发展模式，2017年《政府工作报告》明确提出要"加强商贸流通体系等基础设施建设，积极发展电子商务"。顺应这一发展趋势，中国各地政府纷纷建立电子商务产业园，而电子商务产业园作为一种政府搭台、企业唱戏的组织形式，在各地区的管理模式和运营模式上具有很大的差别，尤其是将大方向的产业政策细化到非常具体的、容易实施的园区招商引资政策，杭州、上海等市当时的做法，颇具借鉴意义。

因为人类消费方式和需求的改变，到2017年，全球电子商务的发展已经有了质的飞跃。

1.1.3 电子商务的基本模式

电子商务模式，是指在网络环境和大数据环境中基于一定技术基础的商务运作方式和盈利模式。电子商务模式可以从多个角度建立不同的分类框架，最简单也是我们最熟悉的，莫过于B2B、B2C和C2C这样的分类。但是，一定不会就这样简单的几个模式，O2O模式、B2Q模式、BOB模式、F2C模式这些新型电子商务模式逐渐进入人们的视野。

（1）线上与线下相结合的电子商务模式（Online to Offline，O2O）。O2O模式通过导购机，把互联网与实体店完美对接，实现互联网落地，让消费者在享受线上优惠价格的同时，又可享受线下贴心的服务。中国较早转型O2O模式并成熟运营的企业代表为家具网购市场领先的美乐乐，其O2O模式具体表现为线上家具网与线下体验馆的双平台运营。

（2）BOB模式，是指交易的双方——Business（供应方）与Business（采购方）通过第三者Operator（运营者）达成产品或服务交易的一种电子商务模式。核心目的是帮助那些有品牌意识的中小企业或者渠道商们能够有机会打造自己的品牌，实现自身的转型和升级。BOB模式打破以往电子商务固有模式，提倡将电子商务平台化向电子商务运营化转型，不同于以往的C2C、B2B、B2C、BAB等模式，其将电子商务以及实业运作中品牌运营、店铺运营、移动运营、数据运营、渠道运营五大运营功能板块升级和落地。

（3）B2Q模式（企业网购引入质量控制）。交易双方网上先签意向交易合同，签单后根据买方需要可引进公正的第三方（验货、验厂、设备调试工程师）进行商品品质检验及售后服务。

（4）F2C（Factory to Customer）是最具代表性的、"厂家直销"模式。

在微观的电子商务模式视角下，产生并且不断发展着与我们生活更加息息相关的新电子商务模式，如社交电子商务、移动电子商务、微电子商务（简称微商）等。

（1）社交电子商务。它是电子商务在社交媒体环境下的一种衍生模式，是社交媒体与电子商务的一个结合体，区别于传统的电子商务的一点，来自人与人之间社交的信任，建立在先天的社交和熟人的信任基础上，这种模式就具备了得天独厚的优势，通过社交媒体的形式来获取用户并且互动，对产品进行展示和分享等，从而引导用户完成电子商务购买（图1-1）。

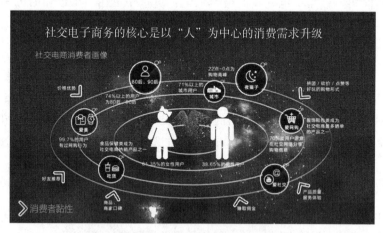

图1-1　社交电子商务生态系统

（2）移动电子商务。顾名思义，是"移动"的电子商务，以及无线的电子商务，它由电子商务的概念衍生出来，利用手机等无线终端在任何时间、任何地点进行的 B2B、B2C、C2C 或 O2O 模式，甚至包括在线电子支付以及各种交易活动、商务活动、金融活动和相关的综合服务活动等的电子商务。

在中国，农业特色非常突出，这也造就了特征非常鲜明的"企业+基地+网店"农村电子商务模式。围绕构建质量标准、产品认证、追溯监控三位一体的电子商务农产品经营标准化体系，打通农村电子商务"最后一公里"，力争每个县（区）到乡（镇）都能够使电商物流通行。

1.2 电子商务的发展

1.2.1 电子商务的应用发展情况

在"互联网+"遍地发展下，政策层面对"互联网+"高度重视，在这一趋势下，电子商务的典型产物"互联网+园区"出现了。据阿里研究院数据表明，国内电子商务园区建设进入新一轮高潮，截至 2015 年 3 月底，全国电子商务产业园区数量已经超过 510 个。一方面，各地网商和电子商务服务商集聚和互动，催生了众多的电子商务产业园区；另一方面，在此轮电子商务园区热潮中，跨境电子商务和县域电子商务园区成长迅速，成为新趋势。

21 世纪宏观研究院认为，电子商务园区不仅是本地电子商务集聚和服务的枢纽，也是"大众创业、万众创新"的载体和孵化器。特别是随着电子商务向县域集中，业务向跨境瞄准，一些过去电子商务发展中的空白区域将被激发。同时，基于电子商务产业园区的专业服务将蓬勃发展。

1. 70%园区扎堆东部五省

截至 2015 年 3 月底，全国电子商务产业园区数量已经超过 510 个，遍布 29 个省、市、自治区，超过 110 个城市。全国超过 70%的电子商务产业园区，聚集在浙江、广东、江苏、福建、山东五省等沿海的传统外贸强省和制造业大省中。从这现象可以看出，电子商务产业园区分布呈现出明显的不均衡性，也可以看出电子商务的发展与传统制造业强势、人口密集、物流优势显著以及电子商务起步早、发展领先等因素密切相关。

另据不完全统计，电子商务产业园区数量最多的10个地级以上城市依次是杭州、金华、广州、温州、台州、上海、绍兴、深圳、宁波和泉州，而位于金华的义乌是电子商务产业园区最多的县级市，数量超过20个。

从建筑规模上看，面积在5万平方米以下的电子商务产业园区是主流，且园区之间规模差异明显。规模小的建筑面积不到1万平方米，而大的超过15万平方米，如海西石狮电子商务产业园区一、二期面积达18万平方米，三期规划面积7.5万平方米。

从入驻企业数量上看，约60%的电子商务产业园区入驻企业在100家以下，其中低于50家的居多。且大部分产业园区企业员工数量少于500人，其中以低于200人的居多。但是，也不缺乏入驻企业和员工数量显著居高的产业园区，如杭州东方电子商务产业园区，入驻企业超300家，企业员工达7 000余人。

2. 跨境和县域电子商务发展迅猛

近两年来，电子商务产业园区规模化涌现出两个新亮点，即跨境电子商务园区和县域电子商务产业园区的迅猛发展。

受到国际经济、市场需求和政策环境等多重动力的驱动，跨境电子商务产业园区备受关注。在杭州、广州、宁波、郑州、重庆等跨境电子商务产业园区的影响下，2017年5月20日，山东首个跨境电子商务产业园区落户青岛。据不完全统计，截至2015年3月底，全国跨境电子商务产业园区超过20个。

目前，跨境电子商务园区猛增的一个大背景是我国传统外贸形态业务量下滑的情况下，地方政府和企业都加大了对外贸电子商务的关注。

据中国电子商务研究中心数据，2014年我国跨境电子商务交易规模达4.2万亿元，同比增长33.3%。从进出口结构上看，我国跨境电子商务中出口占比高达85.4%，进口则只有14.6%。而根据目前国家海关总署统计数据显示，截至2014年年底，中国跨境电子商务试点已突破30亿元人民币。

21世纪宏观研究院认为，以电子商务产业园区为主导的跨境电子商务园区实现了海关、国检、国税、外管、电子商务以及物流仓储的统一，为电子商务产业园区内的各大电子商务以及外贸企业的跨境电子商务业务提供了极大的便利。未来，跨境电子商务产业园区的魅力依旧，数量还会继续增长。

电子商务园区发展的另外一个热点就是县域电子商务产业园区的涌现。

据不完全统计，截至2015年3月底，全国县域电子商务产业园区数量超过100个。在一些电子商务较为发达的城市，如金华、泉州、台州、苏州等地，所辖县或者县级市的电子商务产业园区在本市占比超过50%。

21世纪宏观研究院认为，在政策面整体重视以及电子商务下乡等激励性政策刺激下，县域电子商务园区在几年内会进入真正的发展高潮，加上地方政府推动、县域产业转型的高需求等，这些都将成为县域电子商务产业园区发展的动力。

2003—2013年的10年时间里，县域电子商务园区的数量进行了三次10倍数的增长，从最初的"万"个到"十万"个再到"百万"个，区域分布像蜘蛛网一样。浙江省作为网的中心，不断向全国其他地方编制、扩大、渗透。"电商百佳县"之首的义乌。2014年，义乌电子商务交易额达1 153亿元，当地网商在各大电子商务平台开通的账户总数超过24万个，远远超过实体商铺的数量。

3. 中国特色农村电子商务发展

2017年10月，"互联网+"已经成为时代的潮流，信息通信技术在不知不觉中迅速渗透到了社会发展的各个方面。在此背景下，适合"互联网+"特色产业的土壤逐渐被培育，产业转型、提质增效、核心竞争能力提高被刺激，这为特色产业提供信息化的推广方案有积极影响。

在中国电子商务领先的所有领域当中，非常有中国特色的就是农村电子商务。由于中国对电子商务的独特理解以及中国农业所具有的特色，中国的农村电子商务具有非常鲜明的特征。

在经济的推动下，中国农村电子商务发展迅猛。目前，全国共有4 310个淘宝村，覆盖25个省（自治区、直辖市），无论是在数量上还是在分布广度上都发生了质的飞跃。据阿里巴巴集团在会上发布的报告，从2009年第一次发现三个淘宝村到2019年的10年间，淘宝村的空间分布呈现出以浙江为中心先向东部沿海省份扩散，进而向中、西部地区扩散的明显特征。

根据调研结果，目前浙江省共有1 573个淘宝村，占比超过总数的1/3，处于绝对的领先地位，紧随其后的是广东、江苏、山东、河北、福建等沿海省份。以河南、湖北、江西、安徽四省为代表的中部省份的崛起，逐渐推动了"东、中、西"梯度格局的出现。据统计，2019年，全国的淘宝村集群达到95个，大型淘宝村集群达到33个，超大型淘宝村集群达到7个。

4."功臣"移动电子商务

全球电子商务实现无时差的无缝链接，这个最大的"功臣"，还要属"移动电子商务"。移动电子商务是建立在传统电子商务的基础上，利用智能手机、平板电脑等媒介推进网上贸易。随着时代与技术的进步，人们对移动性和信息的需求急速上升，移动互联网已经渗透到人们生活、工作的各个领域。随着5G时代的到来，移动电子商务成为各个产业链竞相争抢的"大蛋糕"。因其可以为用户随时随地提供所需的服务、应用、信息和娱乐，同时满足用户及商家从众、安全、社交及自我实现的需求，而深受广大用户的欢迎。

另外，智能手机用户数量和用智能手机上网用户数量攀升、智能手机及平板电脑的普及，以及上网资费下调，使得移动电子商务更具发展潜力，运营商分羹移动电子商务，手中稳握五张王牌。

王牌一：智能手机支付异军突起；

王牌二：智能手机和平板电脑；

王牌三：运营商自身的购物平台；

王牌四：运营商提供独一无二的服务；

王牌五：智能手机交易不受限制。

从中国支付清算协会发布的《2018年移动支付用户调研报告》中可得，移动支付男性用户多于女性用户。移动支付场景中，购买理财、股票证券等投资理财类场景占比最高，比2017年提升近60%；其次为生活类，如购买吃、穿、用方面的生活所需品等，占比为97.2%，与2017年基本持平；公共事业类的支出排名第三位，占比为68.2%，比2017年增长6.7%；票务类缴费排名第四位，占比为67.0%；通过移动支付在商务旅游和娱乐类业务下载两个场景进行支付的用户，分别占比为64.1%和46.7%；使用其他场景的用户占16.7%。

移动支付逐渐渗透到生活的方方面面，但是人们对于公交、地铁和医院的移动支付需求仍未得到满足。报告显示，用户认为市场主体最应加强移动支付在公交地铁和医院场景的应用。2018年，有66.6%的用户认为市场主体需要进一步加强移动支付在公交、地铁领域的应用；排名第二位的是医院，占比为64.9%；排名第三位的是高速公路，占比为54.5%；排名第四位的是停车场，占比为48.5%；排名第五位的是水、电、煤气缴费，占比为45.4%；菜市场及便利店分别占比为44.5%和43.8%。

在生物技术的不断发展下，移动电子商务从简单的扫码、指纹识别扩大到静脉识别、声波和虹膜识别。

另据中国电子商务研究中心监测数据显示，移动电子商务用户规模逐年递增。2009年，我国移动电子商务用户规模达3 600万人，2010年这一数字攀升到7 700万人。2011年移动电子商务用户规模达到1.5亿人，同比增长94.8%。2012年，移动电子商务用户规模约达25 050万人，同比增长67%。

5. 中国典型电子商务发展的代表

在中国，一直都不缺乏电子商务发展典型代表。

2010年之前，广州市已经落实一个每年2 000万元的专项扶持资金,其中1 000万元用于帮扶电子商务服务企业。2017年,《政府工作报告》明确提出要"加强商贸流通体系等基础设施建设,积极发展电子商务"。顺应这一发展趋势,各地政府纷纷组建电子商务产业园区,将大方向的产业政策细化到非常具体的、容易实施的园区招商引资政策,尤其是杭州、上海等市的做法,颇具借鉴意义。

2009年11月初,"西部智谷"获得由中国电子商务协会、中国电子商会联合授予的"中国西部电子商务产业园"牌匾,这也是西部唯一获得"国字号"的电子商务产业园区。"西部智谷"在业界的地位赫然显现,越来越多的电子商务巨头纷纷到"西部智谷"考察、投资。

深圳罗湖电子商务产业园是深圳建设首个"国家电子商务示范城市"的重镇之一,每年有大量的专项资金用于促进电子商务企业的发展。2010年,深圳投入5亿元用于电子商务企业的科技研发。在2010年4月16日举行的第一期"e罗湖·商天下"电子商务主题论坛中,深圳各大银行、著名风投IDG、创新投等都到场观看企业的推荐展示项目。据苏国行透露,目前已有投资机构和66网展开接洽。

影响深圳电子商务企业发展的瓶颈——人才问题,也得到有效解决,罗湖区科技局牵头,电子商务产业园区内企业组团"大批量采购人才"。

而罗湖电子商务产业园区力图培育一个能够优势互补的电子商务企业群,这是它与深圳其他电子商务产业园最大的不同。在同类企业中,电子商务产业园区筛选其中最具竞争力的企业进驻,从而有效地避免了同类企业的恶性竞争。同时,电子商务产业园区努力打造大电子商务产业链,从平台服务、支付与金融服务、物流服务、诚信评估服务、软件服务等各个层面组合企业,构建产业生态集群,从而既做到优势互补、集群发展,又能够重点培育龙头企业。

有资料显示,2008年,杭州被正式授予"中国电子商务之都"的称号,杭州的电子商务网站总数占到全国的1/5以上,网盛生意宝、阿里巴巴、淘宝网、支付宝,都是闻名全国的"杭州制造"。另外,2009年杭州仅面向个人的电子商务零售额占社会经济零售总额的5%~6%,

约是全国平均数（1.8%）的3倍以上。

2017年5月，杭州在现有"中国电子商务之都"基础上，正计划全力打造"全球电子商务之都"与"互联网经济强市"，并将通过六大措施推进传统产业"电子商务化"，大力推进电子商务普及应用，提升电子商务服务水平，并已遥遥走在了全国前列。杭州电子商务产业园区是经杭州市政府信息化办公室批准，由西湖区科技局、文三路电子信息街区管委会负责业态管理的电子商务产业园区，由杭州电子商务产业发展有限公司承担物业管理和服务。

近年来，上海加紧制定规划和相关政策法规，有计划地发展着电子商务。上海市政府相关部门先后制定了《上海市电子商务发展规划》《上海市促进电子商务发展实施细则》《上海市电子商务发展"十一五"专项规划》和《上海市电子商务发展白皮书》。这些规划的出台，确定了上海的电子商务产业园区的框架。同时，在试点的基础上制定电子商务相关的政策和法规，鼓励和保障电子商务的健康有序发展。

2009年3月1日正式颁布实施《上海市促进电子商务发展规定》，这是全国第一部地方性的电子商务法规。这些规划和法规的制定和实施，必将使上海市电子商务进入新的发展阶段。2009年6月18日，上海市商务委与中国电信上海公司签订合作备忘录，对全市电子商务产业园区内的企业及市商务委认证的电子商务企业，开展"宽带大提速"行动，电子商务类企业将普遍获得2MB以上宽带速率，彻底告别KB速率时代，而且价格基本不变。上海电信还率先在全国提出"为电子商务企业减负，提供全方位服务"的行动方案，通过提供更高速率的宽带、更优惠的资费、性价比更高的综合信息服务，努力营造良好的电子商务发展环境。上海市政府还与中国电信集团达成信息化战略合作协议，打造上海"城市光网"。

2009年6月18日，上海首次举行"上海市电子商务示范企业"授牌仪式。环迅支付、篱笆网、东方钢铁、Ebay、百联等8家沪上知名企业入选第一批"上海市电子商务示范企业"。上海市政府将这8家入选企业作为上海市发展国际电子商务平台的先锋，进行重点扶持。同时，出台《促进电子商务企业发展暂行办法》，给予了电子商务极大的政策扶持。

6. 电子商务立法

电子商务争议能否被公正、公平、快速处理和解决，既影响消费者的购物体验和信心，也是对电子商务经营者能否履行义务和责任的考验，更是司法、仲裁和调解水平、能力和效率的体现，这些方面都决定着消费者权益能否被有效保护。

2018年4月28日，在北京隆重召开的"中国电子商务新经济产业发展峰会"宣布了"电子商务新经济产业发展研究课题组"的成立，中国电子商务协会常务副秘书长孟威为课题组的20余位专家顾问颁发了聘书，针对电子商务领域存在的一些问题进行了前期调研。下一步，课题组将紧紧围绕推进电子商务立法、新型电子商务模式合规性研究、电子商务金融财税风险控制等领域展开深入调研，并以课题报告的形式向立法机构、行业监管部门、执法部门提出专业意见，配合有关部门打击各种互联网上的违法活动。

为了适应行业的发展需要，"中国电子商务协会·中国电子商务应用推广中心"还发起成立了"电子商务法律服务中心""电子商务财税服务中心"，这些专业机构未来将向电子商务企业提供专业的相关服务。

2019年1月1日起，《中华人民共和国电子商务法》开始施行。

针对当前电子商务的发展，在保障消费者权益方面，《中华人民共和国电子商务法》对七个方面的主要问题做出了回应。

（1）有力保障消费者知情权和选择权；

（2）不得将搭售商品作为默认同意；

（3）解决消费欺诈问题的法律保障；

（4）明确经营者及时退还押金义务；

（5）解决"大数据杀熟"热点问题；

（6）鼓励建立在线争议解决机制；

（7）用户注销不得设置不合理条件。

1.2.2 电子商务与微商并存发展

微商——移动互联时代"微创业、轻投资、快品牌"的商业模式，2014年以来，我国微商经济正式兴起，涉及的人数、行业以及市场份额呈急剧上涨趋势，已成为助推我国经济发展的重要力量。每一次微商博览会的成功召开，都为大家探索微商发展新模式、整合上、下游优质资源提供了一个良好的契机。这也意味着合法合理的微商是被接受并且受支持的，博览会将叱咤朋友圈的众多微商以真实面目展示在市民面前，并号召且监督微商从业者提高品牌意识，着重打造优秀团队，鼓励大众创业、万众创新，以微商的新思想、新模式全力助推经济产业的发展。

与传统的营销模式相比，微商经济具有成本低、运营便捷以及门槛要求低等优点，并促成了微商经济的覆盖领域迅速走向多元化，从起初的化妆品为主延伸至食品、服饰、房地产、保险理财等产品，打造了"微商+"的产品营销形态。

结合中国社会特点，我国从农村电子商务角度出发，"微商+农副产品"模式为乡村脱贫扶贫工作提供了一种新的思路。

随着"微商+农副产品"模式的兴起，也带动了运输、物流、食品包装等行业的发展，进而为贫困乡村提供了更多的就业岗位，提高了就业率。通过汇聚全国各地的需求信息，实现供需之间的信息对接，进而疏通了贫困乡村农副产品的销售渠道，提高了农副产品的经济效益，增加了乡村贫困人口的收入。

然而，这种模式也存在比较明显和突出的问题，主要表现在微商的诚信和农副产品的质量两方面。为了更好地发挥"微商+农副产品"模式在脱贫扶贫中的作用，不断提高贫困人口自我脱贫的能力，应做到如下四点。

（1）为提高贫困人口的创业积极性，事前应当适度监管，要求微商完成实名的登记、注册手续即可。另外，应强化对微商的事后监管，要求对农副产品的相关信息进行背书，方便事后的追责。

（2）完善相应的法律法规，建立专门的微商投诉部门，对于经审查后投诉属实的失信微商，应采取警告、罚款、停业等惩戒措施。

（3）合理分配扶贫资金，引导扶贫资金向交通、农业现代化领域倾斜，定期邀请业内的专家或者经验丰富的微商进行指导交流，提升运营能力。

（4）因地制宜，充分利用当地独特的地理、气候等条件，结合市场导向，发展具有本地特色的农副产业，培育有知名度、有影响力的当地品牌。

随着2019年1月《中华人民共和国电子商务法》正式实施，许多代购以及微商开始收敛，采用更秘密的"地下运营"甚至宣布停业转行。"微商+"模式会成为移动电商的新革命，将推动移动电子商务的迅速发展，并影响着移动电子商务未来的发展趋势。

第2章　广西电子商务的发展

2.1　广西电子商务发展概况

电子商务近年来在广西发展迅速，从2011年11月广西南宁入选全国首批21个"国家电子商务示范城市"起，广西电子商务发展进入新阶段并开启了新征程。据不完全统计，2011年广西企业通过各类电子商务平台完成的出口额约为7.63亿美元，占出口总额的6.4%；在经济投资拉动效果弱、外贸需求难振的现状下，电子商务拉动的消费和内需对于经济发展的作用越来越大。2016年，广西电子商务交易额达到6 180亿元，同比增长39.8%。据中国电子商务研究中心监测数据显示，2017年上半年，广西全区实现电子商务交易额约3 500亿元，同比增长14%左右。

在国家和广西相继出台的一系列支持电子商务发展政策的推动下，在"一带一路"沿线开放发展中，广西依托区位优势，中国—东盟信息港全面启动建设，跨境电子商务发展环境不断优化，东兴、凭祥、龙州等依托边境优势，跨境电子商务快速发展。另外，电子商务的渠道逐步从城市延伸到农村的各个角落。目前，广西电子商务进农村网点超1 000个，有23个县被列入电子商务进农村全国综合示范县。"电商入桂"等电子商务活动，使得浙江传化集团、北京至简云图科技发展有限公司、浙江聚贸电子商务有限公司、中万环球有限公司、阿里巴巴"一达通"等一批电子商务企业落户广西发展。通过举办中国—东盟电子商务峰会、广西"壮族三月三"国际电商节、"党旗领航·电商扶贫"、广西电子商务创业大赛等活动，电子商务发展创业的氛围日益浓厚。

  广西发展电子商务是大势所趋、潜力巨大，但是广西电子商务发展仍存在制约因素：一是对电子商务认识不足，政府管理人员对发展电子商务的意义认识有限，大多数企业互联网竞争意识薄弱，仍把竞争焦点定位于实体市场；二是缺少有实力的企业主体，广西电子商务企业发展比较落后，特别是缺少代运营、销售推广、品牌打造、美工等电商服务企业，部分企业还仅停留在建立网站、发布企业或产品信息，或者通过网站销售产品和提供服务上；三是广西物流配送体系有待完善，跨境物流通道还不够便捷，物流配送周期长，农村配送"最后一公里"能力欠缺，这些问题严重阻碍电子商务的发展；四是电子商务交易额结构单一，目前，广西大宗商品网上交易额占电子商务交易总额70%以上；五是电子商务专业人才不足，电子商务人才紧缺，特别是领军型、统筹型、创新型人才由于"北、上、广、深"的虹吸效应，非常缺乏，绝大部分电子商务企业存在人才招聘压力[①]。

2.1.1 广西电子商务应用分布

  电子商务作为信息流、物流、金流的实现手段，应用极其广泛。例如，国际旅游和各国旅行服务行业、电子书刊、音像出版部门、网上商城、Web工作站和工作网点、计算机、网络、数据通信软件和硬件生产商、无收入的慈善机构、银行金融机构、商业机构；还包括政府机关部门的电子政务，如电子税收、电子商检、电子海关、电子政府管理；在国家和广西相继出台的一系列支持电子商务发展政策的推动下，广西电子商务应用也拓展到各个领域，截至2018年年底，广西电子商务交易额达9 002亿元。

---

① 广西省商务厅：《广西电子商务发展现状及未来发展建议》，2017-02。

1) 广西电子商务农业应用

互联网已成为地方农产品和特色工业品打开销售、寻求转型升级的重要突破口。2014年年底,阿里巴巴宣布启动千县万村计划,计划在3~5年内投资100亿元,建立1 000个县级运营中心和10万个村级服务站。阿里方面数据显示,2014年全国亿元淘宝县超过300个,其中中西部亿元淘宝县超过100个,国家级贫困县成为亿元淘宝县的有21个。在阿里巴巴与广西签署的战略合作协议中,也明确提出推进菜鸟网络合作建设①。

截止到2017年7月,农村淘宝已覆盖全国29个省、近700个县域(含建设中)的3万多个村点,为村民提供各类服务的"村小二"和"淘帮手"数量有6万多名。这3万多个村点中,还包括了103个国家级贫困县、95个省级贫困县和2 700个国家级贫困村。菜鸟物流也进驻了这些县域,目前在各地拥有30多个物流合作伙伴,3 000余辆运输车。

未来,"村小二"会成为农村电商中的一个物流节点,为农村商业基础建设提供一个核心,辐射周围村庄。除此之外,"村小二"会更多承担消费者与销售商信息互通的桥梁,为村民提供同样品质、同样新的商品并负责解决困扰村民的售后问题。

在各大电子商务平台紧锣密鼓开展电子商务网部署的时候,广西本土电子商务企业也不甘落后,2014年6月广西商务厅与广西邮政公司"邮乐"平台联合推出"电子商务进万村"工程。截至2014年年底,广西已建成电子商务进万村工程标准化示范点37个。广西南宁一个网站旗下平台——"试新鲜"是广西最大的水果电商平台,该平台尝试"先试后买"的理念,打造产、销一体的区域水果电商产业链,有效解决广西水果的滞销问题。中国邮政广西分公司推出"巨速鲜"电子商务平台,该平台扎根农村,为广西及东盟原产地农产品市场提供产地直供、推广、寄递、物流等服务。2015年,广西宽华农业

---

① 数据来源:中国电子商务研究中心。

物流有限公司携手容县沙田柚，开设容县电商产业园。

2016年7月13日，广西电子商务创业大赛"我为家乡代言"活动正式启动。据悉，活动从全区110个县（市、区）中精选10个县（市）作为承办单位，选择区内12所高校作为支持单位，围绕"一县一品"特色主题，打造广西十大电子商务特色品牌，推出十佳广西电子商务代言人，孵化一批农村电子商务创业团队，支持一批县域电子商务服务企业，建设一批电子商务进农村和"党旗领航·电商扶贫"示范县。

广西商务厅与区内电子商务企业合作搭桥，在京东商城、淘宝网、阿里巴巴等国内知名电子商务平台建设"广西特产馆"，其中主打国家地理标志产品，包括富川脐橙、桂林罗汉果、容县沙田柚等35种特产。

在2016广西电子商务高峰论坛暨第二届桂林网购节中这一举措得到很好的体现，2016年活动期间，举办了盛大的地方馆启动仪式（图2-1），正式上线桂林淘宝馆、桂林京东馆、桂林苏宁馆。地方馆的正式启动，汇聚特色产品和卖家，有助于罗汉果、桂花干、恭城月柿、永福香米等桂林名优特产迅速打开电子商务市场。

图2-1 第二届桂林网购节盛大开幕

其中，以芋头出名的桂林荔浦县也紧锣密鼓地开展了一系列电子商务活动。2015年广西商务厅调研组到该地调研后，7月14日成功列入

"2015年电子商务进农村综合示范县",先后投资220万元,建设了县级运营服务中心两个、电子商务积聚区一个、乡镇电子商务工作站13个、村级电子商务示范点10个、村级电子商务服务点100个、电子创业孵化基地三个。2016年,该县又凭借自身优势从全区110个县(市、区)里脱颖而出,广西荔浦县入选全国第二批、自治区第一批电子商务进农村综合县,10个"我为家乡代言"活动的承办县。此时的荔浦县拥有电子商务企业268家,开设网店650个,城乡电子商务从业人员达4 000余人,通过建立电子商务平台,破解"买卖最后一公里"难题,培训农村青年3 000多人。这一个个硕果,都为第二届桂林网购电子商务节打下很好的基础(图2-2)。

图2-2 第二届桂林网购电子商务节中正在推介商品的少数民族商家

以芒果著称的广西百色市,芒果产业如今逐渐成为百色农民增收致富的主导产业。截至2015年年底,百色市芒果种植面积已达92万亩,产量达40.35万吨,总产值达24.17亿元。依托电子商务巨头阿里巴巴,举办"互联网+百色芒果节",开展了聚划算、淘抢购、好芒预售、爱心义卖、天天特价、村淘乡甜、特色中国,以及"七夕"主题等系列网上推介促销活动。依托京东平台,建设百色特产馆、百色生鲜馆,开展好芒预售、爆款集结、特价秒杀、爱心义卖、生鲜抢手货等一系列促销活动。针对百色芒果产业,启动了"百万亩芒果工程",利用电视、广播、报纸等官媒和微信、微博、网络媒体等新媒体以及户外广告等宣传造势,组织开展百色芒果众筹、预售、秒杀品尝及采收上市新闻发布会等活动推动百色芒果向电商化、品牌化发展。

2016百色芒果节与2017灵山荔枝文化旅游节活动现场如图2-3和图2-4所示。

图2-3　2016百色芒果节(来源人民网)

图2-4　2017灵山荔枝文化旅游节晚会现场

2016年8月21日,被誉为"中国茉莉之乡""中国茉莉花之都"的南宁横县茉莉花正式上线互联网,8月21日至24日由中国茶叶流通协会主办、中国花卉协会支持、横县人民政府和中国花卉协会花文化委员会承办的2016年中国(横县)茉莉花文化节在横县举行。通过互联网,使该县的茉莉花文化节得到了进一步的推广,让更多的人参与茉莉花产业的发展。

从2015年7月开始,横县就成功引进了"农村淘宝""乐村淘""村邮乐购"等电子商务平台,本届茉莉花文化节是横县携手阿里巴巴集团,在阿里巴巴全平台同步举办的首届中国(横县)淘宝茉莉花文化节。横县依托茉莉花(茶)产业发展的优势,推动茉莉花(茶)产业和文化、旅游等产业深度融合,打造"茉莉花茶"大品牌,创新推进"互联网+农业"横县模式,以互联网思维推动茉莉花(茶)产业实现多元化升级发展。

2017年第十届中国(横县)茉莉花文化节活动现场如图2-5所示。

图2-5 2017年第十届中国(横县)茉莉花文化节盛大开幕

"灵山荔枝"是灵山县的一张名片，从2006年起，灵山县就多次举办荔枝节，越来越多的人也通过这个节日来了解灵山。

2018年，荔枝电子商务销售量达1.23万吨，带动线下销售6万多吨，为果农提供了方便快捷的销售方式，实现了荔枝丰产果农"钱袋"丰收的愿望。2019年"荔枝韵·灵山行"——2019灵山荔枝文化旅游节如期到来，以"互联多+"模式引领大众创业、创新，有力地推动了灵山农产品的生产和销售。

"互联网+"模式推广，更是让灵山的荔枝搭上了电子商务的快车。灵山电子商务经过统筹谋划、整合资源，依托荔枝等特色产业形成了"一园三平台四基地"的良好发展态势。据统计，目前灵山县200多家电子商务企业，针对荔枝"一日色变，二日香变，三日味变，四日色香味尽去"的特点，灵山县引进先进的保鲜技术，建立专业荔枝保鲜基地，把荔枝的保鲜时间由48小时延长到72小时。同时，整合物流力量，提升运送速度，灵山电子商务协会也是倾尽全力，为灵山荔枝的电子商务网建设贡献全部力量，积极和EMS、顺丰速运、宅急送等快递企业沟通，相互配合，为灵山荔枝的网络销售提供最便捷、最优惠的新鲜专递服务，保证实现24小时内送达全国各大城市，力争实现在48小时内全国无盲区送达，为灵山电子商务发展锦上添花。

以沙田柚闻名的容县，也在大"互联网+"环境下搭上了电子商务快车。为争创全国电子商务示范县，到2015年12月，容县已投资15亿元建设建筑面积28万多平方米的电子商务产业园区，内设产品展示、技术培训、创业辅导、项目孵化、业务交流、商务洽谈等分区。建设并开通了延伸覆盖容县15个镇及所有行政村（含城区大型社区）的300个电子商务服务站，可同时容纳800个企业或创业者入园办公、创业发展，提供超过5 000个就业岗位①。

2015年12月26日，"广西容县电子商务产业园"正式上线，这标志着容县电子商务产业园官网、容县特产商城网、容县电子商务网和移动客户端等四大电子商务新平台开张运营。

---

① 数据来源：广西日报刊登数据。

2016年4月,以主推容县本地工农业产品为主的容县电子商务网及客户端(App)建成并上线运营,为容县本地企业、个体或产品打开了第一扇"电子商务之门"。容县电子商务网(http://www.rxdsw.com)是容县政府重点打造的区域性地方网站,通过该网站集中将容县的农特产品推向全国和全世界(图2-6)。

至2019年8月底,已有500多个容县本地企业或个体在容县电子商务网上开店营业,网上销售的容县本地农产品或工业产品种类超过1 500种,交易量、浏览量迅速增加。至10月,容县已建立电子商务企业党组织两个,辐射发展网店6 000多家,全县网售农产品成交额近20亿元,电子商务创业、就业人员超过1.8万人。

图2-6　容县电子商务网首页

除上述县域打造推出特色产品之外，还有富川脐橙、博白桂圆、荔浦芋头等十几个特色地方产品。

近年来，淘宝、京东、1号店、苏宁易购等知名电子商务平台纷纷上线了地方馆。地方馆是依托或架设在既有的市场化、第三方电子商务大平台之上的地方电子商务交易平台，以地方为单位汇聚特色产品和卖家，实现了农产品电子商务的聚货、聚力、聚人气。

除了在各知名大电子商务平台上建设地方馆外，在更早的时候，广西就已经建成并完善了本区的农特产品网站，如自治区政府建设的广西农业信息网（图2-7），聚集种业、果业、菜篮子、农技推广等20多个专业。其中更有细分的各个县、市的农业信息网，如柳州农业信息网、玉林农业信息网，对各个县、市的地方特色更进一步的细化，这些信息网的建设更是广西电子商务发展的良好助推剂。

图2-7　广西农业信息网

此外，还有一些企业网站，如广西黑皮甘蔗网（图2-8）、广西农产品贸易网（图2-9）。

图 2-8 广西黑皮甘蔗网

图 2-9 广西农产品贸易网

到 2017 年 5 月，公布了第二批"我为家乡代言"活动的承办县名单，包括马山、鹿寨、融水、资源、博白、浦北、靖西、钟山、东兰、金秀、大新等 11 个县。

随着各大知名电子商务平台的"进村"进展，网络零售市场以狂风暴雨的态势迅速扩大，电子商务增长趋于平稳，此时"新零售"出现了，阿里提出"新零售"模式，"盒马鲜生"就是其最具代表性的产物。据中国电子商务研究中心发布的《2017 中国网络零售市场数据监测报告（上）》显示，2017 年上半年，中国生鲜电子商务交易规模为 851.4 亿元，2017 年年底，中国生鲜电子商务市场规模将达到 1 650 亿元，与 2016 年的 913.9 亿元相比，增长 80.5%。

用互联网改造传统零售模式的新零售——盒马鲜生，就是基于场景定位的，围绕"吃"这个场景构建商品品类。盒马鲜生做了大量的半成品和成品以及大量加热就可食用的商品，希望让"吃"这个品类的结构更加完善、丰富。在重构传统零售环节上，盒马鲜生除了线上订单的极速送达，在线下门店里还推出"日日鲜"服务。通过源头直采，在使价格可以对标菜市场的同时，保证蔬菜、猪肉、冰鲜鸡、牛奶、酸奶等都在"日日鲜"品类中。这类产品都设定一天的保质期，盒马宣称不卖隔夜菜、隔夜肉、隔夜牛奶，卖不完当晚销毁。

2）广西电子商务现代服务业应用

现代服务业是相对于传统服务业而言，适应现代人和现代城市发展的需求，而产生和发展起来的具有高技术含量和高文化含量的服务业。其包括基础服务（包括通信服务和信息服务）、生产和市场服务（包括金融、物流、批发、电子商务、农业支撑服务以及中介和咨询等专业服务）、个人消费服务（包括教育、医疗保健、住宿、餐饮、文化娱乐、旅游、房地产、商品零售等）、公共服务（包括政府的公共管理服务、基础教育、公共卫生、医疗以及公益性信息服务等）。

3）广西电子商务林业应用

广西作为全国林业大省，林业资源的优势十分突出，拥有适合发展林业产业的诸多有利条件。根据广西绿化委员会办公室的相关统计资料显示，截至"十一五"期末，广西人工林面积、经济林面积、速生丰产林面积、木材采伐指标限额、木材产量、沼气入户率等指标持续稳居全国第一。

电子商务在各行业蓬勃发展的基础上，随着新兴信息技术的出现与成熟，以及相关基础设施建设的逐步完善，林业电子商务获得了更为有力的技术支持。例如，射频识别技术的出现，可以实现从苗木种植到木材加工直至产品销售的全程跟踪。网络支付手段的多样化，使企业或个人在进行电子支付时，有了更多的选择余地。微博营销则开创了企业进行产品推广的新模式[①]。

互联网技术的兴起，旅行社的传统经营受到在线模式的极大挑战，给旅游业带来了新的契机，网络的交互性、实时性、丰富性和便捷性等优势促使传统旅游业迅速融入网络旅游的浪潮。

据中国电子商务研究中心监测数据显示，2016年Q3中国在线旅游市场规模达到2 098.2亿元人民币，同比增长55.6%，环比增长17.0%。

广西也借助这一市场，开展旅游电子商务。2013年广西桂林航天工业学院周小勇、吴玉萍发表《广西北部湾旅游电子商务服务平台构建研究》一文，提出旅游电子商务是提升区域旅游产业竞争力、促进其可持续发展的重要途径，并针对广西北部湾旅游业发展现状，提出构建旅游电子商务服务平台，对旅游产业链和区域资源进行优化整合，提升旅游服务水平和区域旅游品牌形象。

根据欣欣旅游和旅游指南针的不完全统计，除了携程、艺龙、芒果等全国知名旅游门户外，桂林地方建立的旅游网站达100多家。其中综合性网站22个，提供较为全面的网上旅游咨询和服务，如桂林旅游网；景区景点类网站11个，重点在于介绍和展示旅游景区和景点，如瑰丽乐满地度假网；酒店宾馆网站13个，如阳朔西街酒店网；票务交通网站9个，如桂林机票网。

---

① 陈帅嘉. 广西林业发展电子商务的SWOT分析[J]. 广西林业科学，2013（2）。

2014年是中国的"智慧旅游年"。在此期间，广西不断加强信息化智慧服务，加大信息化促销、旅游营销，利用智慧旅游的信息化手段，强化广西旅游宣传促销，建立完善旅游相关网站、微博、微信、客户端。此外，电子商务旅游平台的出现，为广西旅游业插上了电子商务的翅膀，由于这些电子商务旅游平台能够基于不同消费者需求进行旅游产品的定制开发，提供更具灵活性和适应性的旅游产品。从平台提供个性化预订、"一站式"全程服务、散客拼团等新型服务方面来看，电子商务化旅游提高了客户服务水平，也开辟了新的旅游消费市场。

广西沿海最大的江山半岛旅游度假区，在2014年4月推出了微信公众平台和自助游手机客户端，为游客提供江山半岛的景点、路线、食宿等旅游资讯。据介绍，开启"智慧游"项目后，江山半岛游客量同比明显增多，每逢周末，日均接待游客达数万人。

在"党旗领航·电商扶贫"推动下，广西旅游发展委员会也紧跟步伐，把乡村旅游和扶贫相结合，计划举办大型乡村旅游电商扶贫宣传推介活动，在其微信公众号里，也丰富完善了公众号的内容，包括旅游动态、游记推荐、旅游地图、美食地图等为旅游消费者贴心设计的模块。

2016年11月，广西壮族自治区党委组织部、"两新"组织党工委、广西壮族自治区商务厅、旅游发展委员会和扶贫办联合主办并指导开展了广西"互联网+贫困村+旅游"的全新脱贫模式。该模式下，游客的体验与美团等线上团购方式类似。该项目的线上平台由广西智慧旅游产业有限公司——"八桂游网"承接运营，消费者可在计算机端和手机端获取信息、完成支付、获取积分。同时，"八桂游网"还与去哪儿、携程网等国内大型旅游平台携手，实现信息对接功能，共同打造广西旅游电子商务氛围。广西依托于美团、携程、去哪儿等国际知名旅游门户网站把广西旅游扶贫"搬到"互联网，逐步实现脱贫致富梦。

2014年10月，位于北海高新区内的广西协游网络科技有限公司正式成立，这是一家主营旅游场景"互联网+"业务，以场景建设、门票销售、酒店客房预订、旅游特产销售为主的科技企业。

2016年9月，北海园博园新增碧海丝路大剧院演出项目，在政府部门的大力支持下，该公司在10月份按时按量完成了北海园博园门票系统工程，这标志着北海从此结束了没有从事智慧旅游的科技类公司，填补了北海智慧旅游的空白，为广西旅游电子商务添上一抹色彩，同时也为北海接下来的全域旅游大会战夯实了基础。在碧海丝路大剧院演出的项目之时，公司已经完成了北海所有景区的电子门票系统，只要客户来到北海，通过协游旅行的微信公众号的平台，就会第一时间获知北海的"吃、住、行、游、购、娱"等信息。

旅游电子商务作为一种新趋势，更是未来中国旅游业的市场走向。

2.1.2 广西电子政务与信息化

在互联网飞速发展，信息爆炸的时代背景下，为公众和企业提供便捷、丰富、实用的公共服务，是对服务型政府建设的重大挑战，强化政府公共服务职能、改善政府管理绩效的重要手段和工作方式就是建立完善电子政务。目前，互联、互通到处可见，"互联网+"、大数据、云计算、物联网等各种技术、名词已经司空见惯，加快了信息化趋势不断深入和网络带宽不断拓展的步伐，人们可拥有的移动设备数量急剧增长，不断改变着人们的思维方式、生活方式、工作方式。

网上政务服务中心作为电子政务的展现载体，极大地创新了政府的管理手段，也改变了行政办公模式，可以把它看作建设服务型政府的一条可行性途径（图2-10）。不断提高网上政务服务中心建设水平，提高其公共服务水准，不仅是电子政务建设的客观要求，还关系到服务型政府建设的成果能否实现。

2012年，电子政务应用发展研讨会暨《信息化建设》杂志编辑指导委员会会议在广西南宁召开，会议紧紧围绕电子政务助力改善公共服务、创新政务服务、强化综合监管的主题，对政务服务、政务公开的基

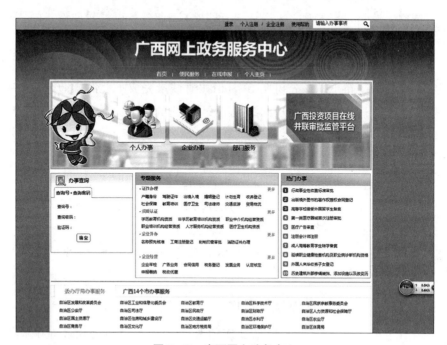

图 2-10　广西网上政务中心

层信息化应用平台建设案例。例如，卫生和食品药品监督管理系统、街道社会管理系统，还有提高村务管理信息化水平的"阳光农廉网"，以及数字城市建设、网络在线问政、移动政民互动系统等信息化建设展开了深入讨论。

2012 年，广西壮族自治区通过创新管理模式和系统建设、完善和规范体制机制、清理和减少行政审批项目等手段，着力推进自治区、市、县、乡、村五级电子联网的政务服务体系和行政效能电子监察体系建设。据初步统计，全区共建立各级政务服务中心 478 个，包括自治区本级（1 个）、地级市（14 个）、县（市、区）（111 个）以及部分乡（镇）和街道（352 个）。2007 年至今，全区各级政务服务中心共办理行政审批事项 1 512 万件，按时办理 1 508 万件，按时办结率达到 99.7%，办理提速率达到 82.8%，群众满意率达到 99.9%。同时，依托政务服务体系平台进一步深化政务公开、政府信息公开，走出了一条具有广西特色的政务服务、政务公开、政府信息公开的新路子①。

在公安机关方面，从2012年开始，广西壮族自治区县级以上公安机关均在互联网开通了政务门户网站，在新浪微博、腾讯微博开设了政务微博。部分公安机关和部分警种部门在微信平台开设了微信公众号。目前，广西壮族自治区各级公安机关已形成以自治区公安厅门户网站、政务微博、政务微信为龙头，设区市公安机关"一站双微"为主干，自治区、市、县级公安机关"一站双微"相互补充、相互呼应的具有鲜明特色的广西公安"一站双微"集群。

广西壮族自治区各级公安机关依托"一站双微"，在服务两公开、便利群众办事服务、加强警民沟通等工作方面发挥了巨大的作用，受到社会的广泛关注和好评。部分社区市，如南宁、桂林、钦州、防城港等开展"网上公安局"建设，在创新社会管理、保障服务民生、提供多样化的公共服务方面积极探索，为当地群众办事创业提供了便利。

但是，在主要形式是政务门户网站这个条件下，公众更多的只是利用电子政务获取信息，而不是办理社会管理和公共服务事务，这些都限制了电子政务的作用和影响。电子政务具有电子资料库、公文电子化、电子沟通、电子监督、电子采购与招标五大功能，在门户网站条件下，不能有效发挥电子政务的功能。

在学校教育应用方面，各大高校和大部分普通职业教育院校都有自己的网络办公OA系统与教务信息管理系统。2016年6月，大部分高校建成的数字化校园网络已全部覆盖校园各个地方，无线网也覆盖了校园的绝大部分地方，教学、科研、行政管理的基础设施较为齐全，基础建设完备程度近年来得到了较大幅度的提高。近几年统计结果，广西高校教学用计算机数量达到14.306万台，多媒体教室座位数为40.53万个，语音教室座位数4.62万个，信息化资产值总计10多亿元，其中软件1.12亿元。同时，数字化校园网络服务体系初步形成规模。学校信息化综合管理应用得到一定程度的改善，应用服务已融入教学、科研、后

---

① 数据来源：广西政务中心。

勤等服务体系中，学生注册、校园一卡通、选课等服务水平得到了一定程度的提升，信息资源的质量也得到了一定提升，改善了教师学生的信息化环境。

基础教育信息化进程也在不断加快，在我国基本完成"普九"工作之前，狭义的基础教育是指小学教育（六年）和初级中学（三年）的九年义务教育，将幼儿教育和高中阶段教育排除在外。逐步建立"十二年义务教育"体系后，学前教育在农村地区也越来越受到重视，国家制定了相关计划，投入大量资金和人力物力在农村地区建立幼儿园，因此，广义的基础教育应当包括幼儿园、小、中学（初级中学和普通高级中学）三个阶段的教育体系。

广西壮族自治区教育厅印发了《广西教育信息化建设三年行动计划（2015—2017）》，以支撑教育改革、促进教育公平、提高教育质量、振兴广西教育为重点，以体制机制建设和队伍建设为基础，全面推进"三通两平台"建设，坚持应用驱动，大力推动信息技术与教育教学的深度融合，显著提升广西教育信息化建设水平，为振兴广西教育提供有力支撑，基本形成与广西经济社会发展需求相适应的教育信息化新局面。到2015年，全区普通中、小学的生机比例提高到21∶1（其中小学30∶1，初中15∶1）；80%的班级配备多媒体设备；信息技术普及率初中达到100%，小学达到70%以上；自治区内168 487个班级中有4 000个班级配备有多媒体远程教学设备，相关项目共为中、小学建设了计算机教室2 093间，多媒体教室1 996间，多媒体互动电子白板教室628间，230所农村中、小学的3 543个班级配备了多媒体远程教学设备；城市与农村各级中学合计，超过80%的学校开设信息技术基础课程，超过20%的小学开设信息技术基础课程，并配备了专门任课教师。乡镇中心校以上的中、小学90%以上基本实现100 MB光纤接入，大大推进了教育信息化建设的步伐[①]。

2013年，郑昕在《对广西的国土资源系统电子政务建设的思考》

---

① 广西教育厅：《广西壮族自治区教育厅2015年政府信息公开工作年度报告》，2016-02-09。

一文中，提出国土资源系统电子政务的建设，并对其电子政务信息共享技术线路模式发表了自己的看法。

2014年，广西经济信息中心依托广西电子政务外网和广西电子认证注册服务中心，设计了政务部门数字认证服务体系，这一体系的设计和实现，有效解决了身份鉴别、安全传输和数字签名等安全问题。

中国是世界上自然灾害最为严重的国家之一，洪涝灾害是我国自然灾害中最频繁、最突出的灾种，洪涝灾情统计是防汛救灾的基础性工作，将现代信息技术应用于洪涝灾害统计，建立以物联网、卫星遥感、云计算、大数据、人工智能等为主的洪涝灾情统计，推进洪涝灾情统计信息化建设，以大数据应用作为重点建设的内容是适应新时期防灾、减灾、救灾工作的必然要求。洪涝灾情统计信息化要从洪涝灾情统计工作现状着手，分析洪涝灾情统计数据采集、分析处理及应用、信息化建设等方面存在的问题，应用大数据、云计算、物联网等技术，通过全面规划、优化流程、整合资源等手段，进一步提升洪涝灾情统计信息化水平。

广西电子政务外网云计算中心2014年8月建成运营（图2-11）。

图2-11　广西电子政务外网

2017年6月27日，自治区重点工程——广西电子政务外网云计算中心一期建设基本完工，8月份投入使用。通过这个云计算中心，形成全区统一的网上政务服务平台，推进电子证照库、统一身份证认证体系、数据共享开放平台、政务信息服务系统、便民服务网络、政务服务大数据等六大关键应用，实现跨地区、跨部门之间的信息共享和业务协同，将给广西居民带来全新的电子政务服务体验。

广西电子政务外网云计算中心一期建筑面积约7万平方米，是广西第一个也是唯一一个进行了机电抗震设计的项目，达到7级抗震的效果，并采用了先进的施工工艺："按照绿色三星级的标准施工设计，采用了外墙内保温形式，幕墙采用的是断热铝合金玻璃门窗，还增加了光伏发电设计，可满足公共部分以及地下室的照明用电。"

随着电子政务服务水平的提高，各行业信息化水平也在不断进步，广西移动积极落实"提速降费"的客户要求，完美借助4G技术，推出"和"文化，为广西信息化经济发展贡献力量。

在柳州在线的基层卫生院，医生借助中国移动的医疗云服务平台，通过互联网，可以将卫生院的影像资料上传到柳州市分级诊疗远程医疗系统，并发送给柳州市各三甲医院。医院具备诊断该病症能力的签约医生可"抢单"。大约数分钟后，抢单成功的医生就能给出诊断意见了。例如，抢单医生未能诊断，系统平台也会指派签约医生在10分钟内提供报告结果。整个过程方便快捷，派单和使用的方式真的有些像"滴滴打车"。

护士查房也变得非常简便，拿着定制的移动4G终端，扫一扫病人输液袋的二维码就可以轻松地查看病人的基本信息、输液资料，最大限度地避免输错液的情况发生。这样的二维码也同样应用到病人腕带，通过扫描腕带，就能准确地完成出入院、临床治疗、检查、手术、急救等不同情况下的病人信息识别，在"移动4G+查房系统"方面，医生则可以通过智能手机、平板电脑及时调阅病人的各种信息，实现在病房中直接下医嘱，提升查房效率。

在来宾市，市食品药品监督管理局与来宾市移动联合打造食品安全远程视频监控项目，以期实现统一监控，打造食品安全管理最高级别。该项目平台具备摄像头动态监控、实时记录、视频回放、方向调整和多倍图像放大等功能，对食品加工现场卫生状况、操作流程及某一个环节具体操作情况实行动态监控，一旦发现食品安全隐患，即刻告知餐饮单位，确保在第一时间排除各类食品安全隐患。截至目前，广西壮族自治区党委车队、南宁市供电局、钦州北部湾物流、广西壮族自治区机要局、南宁市工商局等单位都使用了"车务通"，大大降低了车辆的运营和管理成本。而"和车宝"则主要面向个人用户，可随时对私家小汽车和电动车进行定位，了解历史轨迹等信息，并实现震动报警、断电报警、移位报警等功能。

近年来，港航信息化建设深受重视。只有完善港航政务信息化建设的体制和机制、强化港航政务信息化建设服务保障工作、推动港航政务信息化的市场化运作，才能推进广西港航行业管理部门更好地为广西水路交通运输事业发展服务。

"十二五"规划以来，在国家交通运输部、广西壮族自治区交通运输厅《公路水路交通运输信息化"十二五"发展规划》等政策和规划的指导下，广西港航行业快速发展，港航信息化工作稳步推进，在提高港航政务办公效率、规范港航行业管理、强化港航安全监管与应急处置能力和提升港航公众信息服务水平等方面发挥了重要作用，成为转变水路运输发展方式、提升水路运输服务水平的重要手段。

2015年，广西港航管理局的门户网站已发展成一个具有高性能、高可靠性、技术先进、能实现统一的信息发布、政务公开、信息查询、在线交流等功能于一体的综合性门户网站，成为其对外宣传、发布信息、政务公开、提供服务的主要窗口，成为其接受社会监督、倾听百姓心声的前沿阵地。通过门户网站，广西港航管理局建立起更加完善的社会监督机制、群众参与机制和相互交流机制，更加有效地促进了广西水运事业的发展。

虽然广西港航政务信息化建设已经取得一定成果，但存在的问题也不容忽视，主要有以下三个问题。①电子政务平台建设不完善。主要表现在信息化水平低、信息交换与共享体系建设滞后；信息化发展不平衡，业务协同难实现，软硬件设备平台不集中；存在重复建设现象，资源浪费，投资效率不高，运行维护成本高等。各港航信息系统由于缺乏统筹设计，条块分割十分明显，难以形成发展合力。②信息化保障体系不健全。主要表现在信息化建设专职人员不足，信息化人才匮乏；信息化人才引进和培训的制度不完善；信息化建设缺乏稳定的资金来源等。③信息公开不全面。主要表现在门户网站发布的只是一些静态数据服务，如政策法规、办事指南等，动态、时效性较强的信息资源匮乏；门户网站功能不完善，没有建立行政审批申报服务系统等。

目前，广西港航管理局政务信息化建设工作已发展到资源整合与应用服务阶段，但是政务信息化建设出现了诸多问题，严重阻碍其信息化建设的平稳快速发展，主要有以下几点原因。

（1）领导信息化建设观念落后。部分高层领导认为港航政务信息化建设的应用是信息技术专家和信息工作人员的事，自己只是执行者，没有认识到自己在政务信息化建设中的重要性，阻碍了港航政务信息化建设的发展。

（2）信息化专业人才匮乏。现有港航政务信息化技术管理人员水平偏低，特别是在港航信息化应用推进方面，缺少既懂港航业务又懂信息技术的复合型人才，制约了港航信息化的快速发展。

（3）资金缺乏。目前广西港航管理部门大部分资金都投向机电工程等技术领域，对政务信息化建设的投资偏少，缺乏稳定的资金来源。

（4）标准规范建设滞后和信息安全保障体系不健全。无论是港航信息安全管理体系还是港航信息化标准规范体系，都不够完善。

广西属于亚热带季风气候，年均无霜期短，桂南地区基本无霜，很适合甘蔗的生产。广西桂中南是全国的三大蔗区之一，全年可种植甘蔗，在2014年，广西重点布局武鸣县、上思县等20个县（乡）甘蔗主要产区。广西甘蔗信息化主要表现在四个方面。

（1）蔗区农村信息基础设施条件有所改善，实现了乡乡能上宽带网，行政村百分百通电话的"乡乡通"目标。

（2）农业网站的集群覆盖到省市县乡四级行政区划，充分开发了甘蔗信息资源，建了一个较大的综合农业信息服务平台。

（3）将计算机网络技术、物联网、"云计算"等信息技术在甘蔗产业的生产管理应用上取得良好的效果。

（4）农业信息服务体系基本形成，小到乡镇都有各自相应的信息站或农业推广站，一村一个信息采集点和一个网上农副产品信息栏。

广西在"十一五"规划和"金农工程"一期建设项目中，已建设地市农业信息网络平台14个和覆盖区内106个县（区）、300个乡（镇）网络信息采集点，在市区建设了农产品质量安全监测站、农产品市场信息采集点，构建安全、稳定的涉农综合性网络平台，增加甘蔗产业信息覆盖面积，有效收集、发布甘蔗产业信息。

广西工商行政管理局提供的数据显示，截止到2016年12月31日，广西全区在工商局登记含有"家庭农场"字样的市场主体共有6 882家，其中有限公司132家，已注销家庭农场252家，已吊销营业执照的家庭农场1家。剔除有效数据，广西6 497家均认定为本项研究范围内的家庭农场。广西家庭农场按经营规模主要分为普通家庭农场、普通合伙、微型企业三种。据统计，广西普通家庭农场6 253家，约占96.24%；普通合伙企业42家，占0.06%；微型企业202家，占3.1%。从总体上看，广西家庭农场规模整体较小，大部分家庭农场仍处于起步阶段。

随着农村电子商务的发展，为了便于农业主管部门加强对家庭农场的动态化监管和指导服务，已经搭建基于移动终端的家庭农场信息服务平台，平台开设农时、农事指导服务，实时更新和推送新优品种、先进适用技术、病虫害监测预警、病虫害防治、农产品市场预测分析、农产品市场价格走势等信息。

2.1.3 广西电子商务进农村综合示范项目

随着互联网的普及与电子商务的发展，电子商务进农村也成为政府、企业和社会关注的焦点。近年来，广西大力推动电子商务进农村项目实施，全区农村电子商务蓬勃发展。2015—2017年，广西共获批国家电子商务进农村综合示范县36个。2015年，巴马、靖西、浦北、东兴、柳城、桂平、灌阳、荔浦8个县获批国家电子商务进农村综合示范县；2016年，田阳、富川、东兰、忻城、大新、融安、龙胜、凌云、横县、鹿寨、全州、灵山、兴业、宾阳、恭城15个县获批国家电子商务进农村综合示范县；2017年，龙州、南丹、扶绥、天峨、大化、乐业、西林、资源、都安、昭平、上林、金秀、三江等13个县获批国家电子商务进农村综合示范县。其中贫困县和革命老区县26个，获得7.2亿元中央资金支持。

到2017年6月，广西各示范县总共建成电子商务进农村服务站点1 708个，其中县级服务中心18个，乡（镇）服务站104个，村级服务点1 586个；共建立物流配送网点1 583个，其中县级物流配送中心26个，乡镇配送网点233个，村级配送网点1 324个；农村电子商务业务累计培训36 941人次；推动形成农产品网销单品698个；推动涉农产品销售65亿元。通过示范项目实施，成效初显，表现为：特色产业与电子商务融合发展成效显著，涉农电子商务平台迅猛发展，农村电子商务公共服务基础进一步得到夯实，成功打造广西版"双11"。

电子商务进农村作为新一代信息技术与农村商贸流通融合发展的重要载体，是解决农村与城市、生产与市场时空远隔问题的重大举措。能够联系农村与城市，突破时间空间的界限，解决农村线下商业基础设施不完善的问题，将城市农产品需求与农村供给联系起来，将农村工业品需求与城市供给联系起来，让人力、金融、资源等要素在城市与农村间有序流动，是促进农村流通现代化的重要发展趋势。能够减少流通环节、降低流通成本，充分挖掘农产品销售的价值和工业品下乡的价值，让农民与生产者的劳动价值得以实现，也让消费者享受便利与实惠。能够充分释放广大农村工业品消费需求，扩大广西农特产品的销售渠道，是我区扩大消费、稳定增长的重要手段。能够扩大农产品销售，增加工业收入，为贫困村、贫困户提供利用当地特产、特色脱贫致富的渠道，助推农民增收，是实现精准扶贫、全面小康的重大利器。

总的来说，开展电子商务进农村，可以使广西的农产品通过电子商务渠道销售，在全国乃至全世界都能够买得到广西农产品，从而使广西的农民们增加收入。

2014年，在自治区级贫困村横县石塘镇瑶埠村，有村民带头种起了百香果，一亩地能带来近万元的收入，但2015年入秋后，由于当地市场的变化，百香果滞销，石塘镇瑶埠村村民心急如焚。在横县电商办的组织下，村委将各家的百香果集中起来交由农村淘宝石塘镇服务站售卖。2015年8月到2016年3月，瑶埠村通过网络卖出了5 000公斤百香果，网络售价还比当地市场高出4元左右，增加了近15万元收入。第一次通过电子商务销售就解了燃眉之急，增大了销售量，石塘镇瑶埠村村民们更加有信心了，还计划种植百香果和大青枣、养点鸡鸭等，再把这些产品通过电商渠道销售。

近年来，横县借助阿里巴巴、京东等知名电子商务企业发展农村电商，在横县大部分社区和乡村都建设了网购服务站。当地还大力推行结对帮扶机制，普遍开展农村淘宝合伙人、电子商务企业与贫困村党组织"结对共建、携手扶贫"活动，电子商务在拉动农产品销售、增加农民收入方面成效明显。

在整个横县，就有300多个村屯社区有了网购服务站，覆盖80%的行政村；每天"村淘"业务量达3 000单左右；农民在网上卖茉莉花，不仅茉莉花茶网上销售量不断攀升，不少茶企或个体户还针对网络受众特点研发茉莉花新产品，开发出茉莉鲜花、茉莉精油、茉莉花茶日用品、茉莉花盆景等系列产品，拉长了茉莉花产业链。电子商务进农村使村民们走上脱贫致富之路。

电子商务进农村综合示范县东兴位于中越边境的北仑河入海口，数千只鸭子在退潮后的海滩上觅食，小鱼、小虾等是其主要食物来源。这些鸭子所产的"海鸭蛋"味道鲜美，市场价达到50元/千克，而这些海鸭蛋通过电子商务网站销往全国，在网上有时一个批发商一次就订购上万只海鸭蛋。东兴市政府支持各企业搞农村电商，仅基础设施投资就补贴20万元。

目前，广西已经打造出以"农派三叔""荔枝疯会"为代表的优秀电子商务产品和品牌。百色通过电子商务平台销售芒果的店铺达 3 700 多家，2015 年网络销售芒果 7.4 万吨，占全年销量的 22.6%，直接带动 1 万多人就业，包括大量农村贫困人口。

广西农村电子商务地区发展不均衡。有些地区电子商务进农村项目实行较好，如南宁、柳州、桂林三地交易额占广西农村电子商务交易额绝大部分，但绝大部分贫困地区的农村电子商务发展比较滞后。目前，广西电子商务进农村的发展主要面临四个困境：一是县、乡政府非常重视，希望能够通过电子商务使县、乡经济发展起来，但是缺乏经验，不知道从哪里开始；二是农民群众支持电子商务进农村，希望通过电子商务脱贫致富，但对电子商务不熟悉，缺乏电子商务应用技能；三是中央及自治区高度重视并且大力推动电子商务进农村项目，给予财政支持，但是没有具体标准和规范，有资金却不知道把资金用在正确的地方；四是企业以利益为主要目的，很难做到统筹兼顾，各企业之间没有统一的思想，电子商务进农村越做越乱。

电子商务进农村的发展除了面临上述四个困境以外，还存在着无产品、无人才、无网络、无交通四个比较大的问题。

（1）无产品问题。在广西农村地区，人们仍然保留着传统的生活和生产方式。人们自己种植一般的农产品，特色的农产品比较少，有特色的农产品也没有形成规模，有规模的农特产品没有形成自己的品牌，缺少可以通过电子商务渠道销售的特色农产品。

（2）无人才问题。在广西农村大部分以留守老人和留守儿童为主，缺乏有电子商务知识和互联网思维的人才。而且大多数的农民文化程度较低、思想观念比较保守，他们一直都是在实体店进行当面交易，大多数对网络购物有所顾虑。目前，我国成功发展农村电子商务的地方，大部分是通过有电子商务知识与技能、有头脑的年轻人带头做起来的，他们把电子商务知识与技能教给村民，让乡村里的农民学习跟着做。但是，广西的多数乡村地区还是比较缺乏懂电子商务知识与技能的人才。

（3）无网络问题。目前，在广西还有多数的乡村比较贫穷落后，村里没有电，没有接入互联网，没有实现网络覆盖，广西大部分乡村的网络基础比较差。

(4) 无交通问题。在广西很多乡村地处偏远,道路不是很畅通,快递送不到村屯里,快递公司无法到乡村里入驻,更别说是使农产品通过电子商务渠道销售。而农产品的储存运输等对物流有更高的要求,想通过电子商务渠道销售农产品就成了大问题。

针对广西电子商务进农村面临的困境,以及目前电子商务进农村发展中存在的无产品、无人才、无网络、无交通等问题,需要在实际中逐步解决,才能够使得广西电子商务进农村综合项目持续地发展壮大。广西电子商务进农村可以从以下几个方面进行。

(1) 积极改善广西农村电子商务环境。首先,政府要加大投资力度,增加农村农业基地数量,升级现有基地设备,减少自然灾害对农产品的影响,如大力扶持新型农业大棚产业。同时政府要发挥监督作用,将农产品的质量检测从头到尾落到实处,狠抓标准化。利用好电子商务孵化基地,孵化出一批特色电子商务龙头企业,从而带动乡(镇)区域的电子商务发展。再把乡(镇)农产品进行资源整合,利用龙头企业平台把单打独斗的农户聚合起来,实现合作共赢。

(2) 建立农村电子商务产品服务体系。第一,根据区域特色,建立电子商务产品选择评价体系,挑选绿色无公害、品质好、有地方特色的农产品为地方主打产品,通过科学的方法对地方特色农产品进行深加工,提高特色农产品的多样化,打造地方特色农产品品牌,通过电商渠道销售,把本地农村电商的知名度扩散出去,从而带动广西旅游业、餐饮业,如农家乐、网络宣传景点等。通过举办推介会招商引资,搞活农村电子商务。第二,整合农户的分散经营能力,建立农村经营合作社,化零为整;建立产品质量控制监督体系,加强产品质量、安全、加工、溯源等监控体系建设。第三,在乡(镇)超市(便民店)设立电子商务服务点,集中解决推广、宣传、包装、产品描述、拍照、对接第三方平台等问题;通过上述体系建立农特产品电子商务服务支撑体系,为农村电子商务发展建立基础条件和支撑。

(3) 完善农村物流配送服务体系。物流在电子商务发展中是绝对重要的一个方面,要想使农村电子商务发展得好,必须要把物流配送服务体系给完善起来,使农村物流配送方便快捷,在充分竞争的基础上建立农村电子商务物流体系,降低物流成本,提高物流配送效率,重点要解决农村配送"最后一公里"的问题。针对广西农村地区的交通通达能力、人口密集度、网络能力等具体情况,在市、县、乡、镇、村合理布局物流配送网点及仓储中心,同时鼓励其他物流配送公司,如顺丰速运、圆通快递、中通快递等在县、乡(镇)建设物流网点,形成完善的农村物流体系。

依托现有的邮政系统或其他成熟的物流机构,每个乡(镇)建立一个供所有物流机构共享的物流平台,为电子商务供求双方提供一站式全通服务,为农村群众解决"最后一公里"递送问题。

(4)县域农村电子商务物流体系应支撑农村消费品下行配送体系和农产品上行配送体系。

①农产品上行。建立以解决农产品上行为主的物流配送中心。通过打造示范性物流配送中心,结合村级服务点的物流功能,树立农产品上行物流体系范例。以物流配送中心为县域农村电子商务的物流核心,是整个县域的物流聚集区,与知名物流企业,如邮政、顺丰速运等物流企业合作,在物流配送中心能够对农产品进行仓储、装卸搬运、流通加工、信息处理等操作。同时邀请品控溯源企业入驻,使物流配送中心具备综合物流服务能力的同时能够严格把控农产品的溯源。农村电子商务具有较大量的生鲜产品销售到县或者市里,所有物流配送中心还应支撑冷链物流功能。

②农村消费品下行。农村消费品下行体系的物流支撑,在县、乡(镇)两级以各下行销售渠道自行配套的物流配送体系为主,下行主要通过结合村级服务点的物流功能以及合理协同农产品上行仓储物流资源等方式,主要解决村级"最后一公里"的问题。

③搭建农村电子商务服务与管理平台。电子商务进农村的关键是建立农村电子商务服务与管理平台,平台包含物流配送、商品交易、农村综合服务等三方面功能,以满足农村电子商务的基础发展要求。

在组织实施上，按照全区统一部署、各地按区域分步推进的思路实施。通过综合管理信息平台信息系统，将产品经营合作组织、农产品品控溯源体系、三级电子商务服务体系、物流配送体系互联互通、信息共享，搭建完整的农产品上行信息链和信息化生态体系。通过综合管理平台信息系统把广西的农产品上行信息进行统一管理；同时在国内如淘宝、京东、天猫等主流电子商务平台、知名农产品电子商务垂直平台、线下商业销售渠道发布特色农产品信息，从而把广西特色农产品通过网络销售到全国。

依据基础设施及网络条件，合理布局村、乡（镇）、市三级服务和管理平台，探索引入电子商务龙头企业搭建自治区级农村电子商务平台和农产品流通公共服务平台，使得工业品下乡、农产品入城更加便捷，相应的监管和服务体系能同步跟进。

针对农村电子商务农产品较分散、无品牌、没有形成大规模等状况，农村电子商务发展需要探索新的以点带面的经营模式，在各村屯建设农村电子商务服务点，为村民提供便利的电子商务服务。政府需要因势利导，整合不同电子商务企业的资源，以公共服务的方式，引导电子商务企业逐级建立统一、共享的网上交易平台。针对农村快消品、工业品需求，建立农村消费品交易平台；建立能够传递特色农产品信息、发布供销需求，并且能够进行谈判与签订合同的特色农产品网上交易平台，解决特色农产品信息不对称与特色农产品网上销售的问题，实现农特产品自主生产、自主销售。借助移动视频监控、二维码、物联网等新技术，研发农村电商交易终端（智能手机、平板电脑、电视机及计算机）软件产品，实现农产品网上产品展示、监控、溯源管理等。同时，政府还需要对电子商务服务质量、产品质量、生产与流通领域的安全进行监管，对电子商务过程中出现的争议和纠纷进行调处。同时，借助网络应用的普及，进一步提高农村便民服务、村务公开、培训服务、创业服务等政府各项服务管理能力。

（5）开展对基础的互联网知识、电子商务知识与技能的培训。给政府、电子商务公共服务中心、经营合作社的工作人员、农企以及农户进行关于电子商务的培训，如电子商务基本知识与技能、农村电子商务政策引导、电子商务相关法律法规、电子商务的风险防范、网店的开设流程及网店的运营、农村电子商务经营理念及模式创新等一系列的电子商务培训。同时，为农村电子商务人才创办农村电子商务孵化基地。

一些市、县政府也制定了农村电子商务人才招募政策，鼓励和引导高校毕业生到农村进行农村电子商务工作，培养一批优秀的、有丰富的电子商务实践经验的、有知识的专业人才作为农村电子商务的带路人，通过其扎实的基础及丰富的经验建立电子商务网站及运营维护，引领农村电子商务的发展方向。引导返乡农民工、大学生基层工作者，以及农村青年进行电子商务创业。同时，商务厅、商务局、财政厅、财政局以及区内知名企业加强合作，发挥自身优势，通过举办各种电子商务创业大赛、网商创业沙龙以及评选电子商务进农村综合示范项目等方式，加大力度宣传农村电子商务，号召各界创业精英和返乡创业青年进行农村电子商务创业，营造电子商务进农村的良好社会氛围。

（6）积极推进电子商务扶贫工作。在电子商务进农村的建设中，在专项资金的扶持上重点向建设县、乡（镇）、村三级网点和物流配送体系倾斜。通过在贫困村设立电子商务扶贫实验基地、采取"平台+园区+培训"等方式，整合贫困地区优势产品、对接市场。对贫困村的公路、交通、物流等基础设施加大投资力度，免费给贫困农户进行电子商务技能培训，鼓励支持贫困农户把农产品放到网上销售，从而提高贫困农户的经济收入。通过培训村干部、大学生村官、致富带头人等方式，帮助贫困农户对接电子商务平台。同时利用电子商务培育、升级贫困地区的支柱产业。

（7）营造广西农村电子商务的发展环境。政府制定了鼓励电子商务发展的政策，并提供各类公共服务资源支持，吸引社会资源对基础设施相对落后的地区进行投资。在各县、村的电子商务服务中心提供公共便民服务、金融服务、电子商务服务、配送服务等，并且给予宽带资费、车辆通行、利率优惠、税收减免和证照便利等方面的支持。同时，通过多种手段完善交通、物流、网络通信等电子商务服务支撑体系建设；加大宣传力度，营造电子商务发展氛围。

（8）整合社会资源，提供便民服务。优先引导具有公益性质的经营机构，开展网上便民服务，推动相关服务的消费过程信息化，进而培养农民电子商务消费意识和技能，为其他领域的电子商务向农村进驻起到引领示范作用。政府支持鼓励由国营企业经营的机构开展网络营销，为农村地区的村民们提供网上便民服务，如网上缴费、网上预约和网上业务办理等。通过国营企业的引领示范，引导农民熟悉电子商务、接受电子商务，并检验区域范围内农村电子商务系统运营状态。

除此之外，要想保证农村电子商务长期稳定发展，必须要创新，可以从以下几个方面进行。

1）创新电子商务服务站的运营模式，从一村多站向一站多业转变

目前，农村的电子商务服务站一般都是一个服务站经营或代理一个电子商务平台的业务，同一个区域内又出现多个电子商务平台的电子商务服务站，这样就造成了资源的分散、成本的浪费，电子商务服务站经营者可以通过资源整合实现共赢多赢，每个电子商务服务站同时经营或代理多个电子商务平台业务，让电子商务服务站既能做到农产品上行，也能做工业品下乡，减少农村电子商务服务站的数量，既节约了成本，也提升了电子商务服务站的收益。

2）创新农产品上行的基本思路，从有什么卖什么向需要什么生产什么转变

农产品上行，不一定要跨省、跨县，农产品只要卖出去了，哪怕是本县、本村，都应该视同农产品上行成功，不要放弃身边的熟悉市场，而盲目追求远方陌生的市场。最重要的是，农产品上行不能只单方面考虑如何把农村现有农产品卖出去，应该更多地考虑引导农民去生产适合市场销售、满足市场需求的农产品，只有产销对路，才能卖出好销量、卖个好价钱。

3）创新农产品销售方式，从高成本的分散销售向低成本的统一营销转变

组建电子商务团队，其中包括美工、运营、打包、发货等。创建农产品统一的营销模式，制定统一的价格、统一的包装，给产品打造一个品牌，写好文案，采用标准的物流发货，或者将产品拍照、美工包装、运营策划等外包给有实力的电子商务企业。开拓农产品分销渠道，进行一件代发，所有的电子商务平台、电子商务企业、电子商务个体都可以零门槛、低投入、高效率地一起参与农产品的电子商务销售，可以大大提升农产品的销售量。

4）创新政府引导和扶植的方法，从单纯的资金补贴向多方面资源对接转变

政府部门除了鼓励农村电子商务发展和给予资金支持，还应该引导农民生产市场需要的产品，并做好产销对接，想方设法做好区域内农产品统一营销的组织和推动，为农产品拓展更多的销售渠道，为电子商务从业者拓宽更多的产品。

自 2015 年以来，广西对电子商务进农村项目加大投资力度，积极推进电子商务示范县的建设，电子商务进农村工作的开展有了比较好的效果，各县、村逐渐开展农村电子商务活动，广西农村电子商务的覆盖范围越来越大。农村电子商务汇聚了贫困村民进行电子商务创业，使贫困村民们能够利用电子商务增加经济收入，同时电子商务进农村也能促使更多的进城务工青年回到家乡进行电子商务创业。但是，发展过程中也面临着许多问题，广西农村电子商务必须要重点解决农特产品无规模、无农村电子商务人才、乡村物流配送"最后一公里"等问题，政府部门与相关部门合力做好农村电子商务的技术配备和平台建设，打造一批"农村产业发展+农村电子商务"的典范，在农村物流配送体系等方面发力，打造全国示范县的亮点，持续做好农村电子商务与产业的融合发展，助推脱贫攻坚。

2.1.4 广西电子商务与扶贫开发

"贫困"一般发生在交通偏远、教育文化落后、信息闭塞、机械化

水平低的地区。广西的贫困县、贫困村、贫困户也大都是在交通不便、信息技术落后、教育文化基础设施落后的地区。要想让他们脱贫致富：要么让他们搬迁；要么让年轻一代接受教育掌握一技之长将来利用科学技术摆脱贫困；要么改变交通配套基础设施吸引投资发展经济等。不管怎样，只有发展当地经济才是最有效的脱贫之策。发展经济需要的资金、技术、人才、资源等要素（简称发展经济四要素），显然贫困村、贫困户不具备。党要带领全国人民脱贫奔小康，贫困村、贫困户也不例外，用什么方式解决贫困地区的经济发展问题成了党和政府迫切需要解决的问题。发展经济的四要素，贫困地区只有个资源，而这个资源要素也仅限于自然资源（非矿产资源）。偏远的自然环境有其发展经济的独特优势——成本低廉，有广袤低廉的土地、丰富人力资源、天然禀赋的自然环境、优良的农产品等优势。利用这一优势发展贫困地区的经济是最好的方式。

在市场经济高度发达的今天，广西用什么方式发展贫困地区的经济，让贫困户脱贫致富，同全国人民一道奔小康，是考验政府的一道难题。

发展经济必须把资金、技术、人才、资源串联起来。经济发达的地区拥有大量的资金、技术、人才，但是广西偏远的贫困地区吸引不了追逐利润最大化的资金进来，人才同样不会流向偏远的落后地区，怎样才能把资金、人才、技术流向广西，并与广西偏远的贫困地区的优势自然资源集合呢？

电子商务技术能够把资金和人才留在发达地区，同时它也可以把电子商务市场拓展到任何有信息网络的地区，这样电子商务技术就把资金、人才、资源整合在了一起。广西贫困地区的资源优势就能够通过电子商务技术发挥出来，从而促进贫困地区的经济发展。贫困户的自然资源禀赋，可以让他们的农产品、特色产品、甚至是土地资源通过电子商务技术流向发达地区，从而实现经济的发展，实现脱贫。

在脱贫致富奔小康的时代号角号召下，广西各行各业都积极在广西开展电子商务扶贫，尤其是发展农村电子商务。各级政府部门更是电子商务扶贫的主力军，在电子商务扶贫领域出台了许多政策和举办了许多与电子商务扶贫有关的活动,有"党旗领航·电商扶贫"工程、广西壮族自治区电子商务精准扶贫 3 年(2018—2020)行动计划、"壮族三月三"国际电商节等。

　　电子商务扶贫成了广西脱贫攻坚的战略。目前,广西全部行政区域都实施了"党旗领航·电商扶贫"工程,14 个地市每年都举办"壮族三月三"国际电商节的活动,23 个县实施了电子商务进农村综合示范项目建设,39 个县(市、区)与阿里巴巴合作实施了"千县万村"计划(农村淘宝项目),农业农村厅、人力资源和保障厅、商务厅、扶贫办公室、共青团委、水库移民局等部门都制定了发展电子商务的计划和开展了相关培训。实施电子商务扶贫以来,在广西关于电子商务的培训累计超过 30 万人次、超过 300 种农产品在网上进行了销售,孵化了"壮乡河谷""桔乡里""橘小姐"等一批网络品牌,北流百香果、田东芒果、柳州螺蛳粉、桂林罗汉果、荔浦沙糖橘等成了网红产品,每年通过电子商务销售的广西农产品超过 600 亿元。贫困户因为电子商务产业要么实现了自主创业,要么销售了自家的特色农产品,要么在家附近找到了与电子商务或物流有关的工作实现脱贫。电子商务扶贫战略在广西的效果非常显著。

2.2　广西壮乡民族文化与电子商务

　　广西是一个壮族、汉族、苗族、瑶族、侗族、毛南族、仫佬族等多民族聚居的区域,各个民族在各自漫长历史发展进程中形成了独具特色的民族传统文化。同时各民族长期杂居,相互交往交流,相互认同、影响和吸收,因而在文化上又具有某些相似性和共同性,这一特点突出表现在民族节庆上。例如,"壮族三月三"民歌节,除壮族外,汉、瑶、苗、侗等民族也以不同的方式欢度"三月三"。特有的民俗文化、民族风情,吸引了大量游客到美丽的广西旅游购物,感受多彩的壮乡传统文化。随着广西政治经济文化的不断发展,对外交流的频繁,并且在"互联网+"热潮的影响下,广西壮乡民族文化活动慢慢融入各式各样的互联网元素。

2.2.1 广西传统节日消费与电子商务

1. 广西传统节日由来已久、丰富多彩

广西传统节日"三月三",从参与的民族和参与的人口来看都是诸多少数民族节日中最多的。此外,还有广西防城港京族"唱哈"节、中越边境旅游节、钦州跳岭头节、国际海豚旅游节、贵港荔枝节、鱼花节、南宁国际民歌艺术节、贺州盘王节、富阳街灯节、百色布洛陀文化旅游节、桂林阳朔渔火节等节日。每一个传统节日都有自己独特的庆祝方式,顺应时代潮流,结合时代特点,渗透互联网思维。

2. 广西"壮族三月三"国际电商节

广西"三月三"不单纯是壮族的传统节日,事实上它已经是广西各族人民"各美其美,美人之美,美美与共"的重要内容和表征,"壮族三月三"法定民族节日的确定,让它的影响力和知名度迅速扩大,广西各地纷纷以各种形式庆祝"三月三",全国各地乃至全世界都非常关注广西"三月三"。因此,在各方面有利环境的推动下,结合互联网高效传播推广的特点,达到全面优质体现广西本土多元化的特色民俗风情,广西商务厅与中共广西壮族自治区非公经济组织和社会组织党工委联合主办了 2016 首届广西"壮族三月三"国际电商节。首届"壮族三月三"国际电商节开办期间,启动运营"互联网+"产品二维码(广西)中心、南宁跨境商品直购体验中心(图 2-12),消费者可以购买来自 42 个国家的 1 万多种商品。除了南宁市主会场,"壮族三月三"国际电商节还在柳州、凭祥、百色、梧州、桂林、钦州灵山县 6 个会场同时举办展馆,吸引了淘宝、京东、乐村淘等多个线上交易平台参与合作。

吸收首届"壮族三月三"国际电商节的经验,加以创新。2017 年第二届"壮族三月三"国际电商节把主会场设立在北海,围绕"八桂名品·e 网打尽"主题,南宁、柳州、桂林、梧州、钦州、凭祥、北流、都安等 8 个市县同步设立分会场,开展为期一个月的"壮乡产品网上行",广西上千家网店通过各个电子商务平台开展各种形式的促销活动。

图 2-12　南宁跨境商品直购体验中心推出价廉物美的商品

2017年"壮族三月三"国际电商节亮点突出，北海主会场形式新颖、精彩纷呈，数千人到现场参与活动。2017年的活动注重节目推介与现场展销相结合，观众通过启动仪式可以欣赏到精彩的歌舞表演。2017年，第二届"壮族三月三"国际电商节选定北海珍珠、北海旅游、南宁水牛奶、横县大粽子、柳州螺蛳粉、梧州六堡茶、桂林罗汉果、钦州坭兴陶、防城港金花茶、凭祥红木等10个特色产品作为核心特色产品，由广西电视台主持人以及网红组成主持团队在现场进行专题推介。

活动注重线上促销与线下展销相结合的O2O模式，例如，线下开展让上千人试吃现场供应的300斤粽子、现场品尝六堡茶等一系列好吃、好喝、好玩的趣味十足的活动，吸引了大量群众热情参与，而线上则以"限时打折、限量秒杀、新品团购、扫码赠券"等多种促销形式，把"壮族三月三"国际电商节打造成为广西电子商务购物、名特产品宣传的热烈盛会。

另外，除了北海主会场，南宁、柳州、桂林、梧州、钦州、凭祥、北流、都安8个分会场配合发力，与主会场现场视频连线联合互动，对各分会场的广西特色产品进行推介。南宁分会场现场展示春江鸭掌、乐泰思乳胶枕、牛栏奶粉、爱他美奶粉等商品1 000多种,吸引人流达到2万余人,线上线下成交额超过2 000余万元。螺蛳粉、云片糕、三江油茶组合成为"柳州三宝",其中柳州螺蛳粉销售超过400万袋。桂林分会场吸引参展企业120余家,线上线下交易额达到600多万元。梧州分会场以"电商为媒、特产飘香"为主题,设置标准展位105个,囊括梧州特色产品2 000多种,实现全网交易额达1 680万元。钦州分会场,"海购365"准备了2 000多款国际知名品牌商品参与活动,"土货""洋货"放价海购。根据数据统计显示,2017年第二届"壮族三月三"国际电商节期间广西网络销售额达到了13.8亿元。

2017年"壮族三月三"国际电商节,淘宝、京东、苏宁、滴滴、顺丰、乐村淘、邮乐购、百姓乐淘、广西协游网等国内知名电子商务平台和全区20多个线上特色馆,同步针对广西特色产品进行让利大促销。京东商城设立"壮族三月三"国际电商节专题页面,针对广西特产及广西客户给予专属折扣促销;阿里巴巴在全区同步举办10场阿里春耕农牧节对接会,针对广西农村农民给予农资折扣促销;苏宁易购针对广西十大名品以及其他特产开展1元购促销活动,准备了200万惠民"提货卡",千万礼券全区派送;滴滴快车、顺丰速运在全区赠送"壮族三月三"国际电商节打车券和快递券。此次电子商务节集聚了一批知名电子商务及电子商务服务企业参与,初步打造了广西版"双十一"。

2017年第二届"壮族三月三"国际电商节还举办以"跨境电子商务新发展""旅游电子商务新模式"为主题的高峰论坛,北海市、广西商务厅、广西非公经济组织和社会组织党工委、中国国际电子商务中心等单位领导出席论坛并致辞。国内知名电商企业、旅游行业代表近500人参加了论坛。中国网库集团董事长、京东集团副总裁、阿里巴巴集团云桂大区负责人、颐高集团副总裁等国内知名电商平台主要负责人,针对新时期跨境电商的发展形势发表了自己的看法和观点。此次论坛成果丰硕,广西商务厅和中国国际电子商务中心、深圳多丽电商产业园和北海高新区、中国—东盟信息港股份有限公司和广西钦保进口商品经营管理有限公司在现场签订战略合作协议。

2017年第二届"壮族三月三"国际电商节,形式新颖、内容丰富、亮点突出、影响广泛、文化商贸并举、民族性国际性兼备,树立了广西电子商务品牌,为广西产品开拓了国内外市场,打造了一个高水平、高规格的广西版"双十一"。"壮族三月三"国际电商节"壮乡产品网上行"不仅广泛发掘广西名特优产品、文化旅游产品和贫困地区特色物产,还提升了它们的市场知名度、美誉度和竞争力。同时,以标准化推动广西名特优产品的发展,促进电商在农产品的应用,形成更多适合在网上销售的商品,打造出广西电商品牌。

3. 各地区传统节日与电子商务

1)容县柚子节

容县是"中国沙田柚之乡",被誉为中国珍果的沙田柚发源于容县,种植历史已有2 000多年。早在2004年,容县沙田柚便已获得国家地理标志产品保护奖,被誉为"柚中之王"。容县每年都会举办形式多样、富含沙田柚文化元素的旅游文化活动(图2-13)。在2019年,容县以获得"广西特色旅游名县"称号为契机,充分利用全县18万亩沙田柚种植面积的资源优势,以花为媒,以节会友,促进容县旅游文化发展。

图2-13 容县柚子节节日活动

历经多年的发展，容县沙田柚产业已成为容县的重要产业，尤其是近年来，容县在不断扶持壮大沙田柚产业的同时，更将沙田柚作为一种文化元素，融入旅游业发展中，充分发挥了独一无二的旅游资源优势，大力发展农业观光旅游、乡村休闲旅游、农家乐等旅游项目，进一步打造了特色旅游品牌。

2016年，广西容县沙田柚协会与广西宽华电子商务有限公司签署战略合作协议，共同推进容县沙田柚产业通过互联网转型升级。双方根据协议内容，在包括生产资料采购、物流等在内的容县沙田柚数据库建设、品牌维护、人才培养、营销推广、电子商务管理等领域建立长期战略合作关系，充分发挥各自的优势，构建合作共赢、协调创新的长效机制。同时，合作双方将按照"统一规范、简便快捷"的原则，把开展无公害、绿色、有机和地理标志认证作为农产品品牌培育的基础性工作，对销售的沙田柚进行数据采集、建立二维码数据库，对所有销售的原产地沙田柚进行分辨确认，从源头上保护原产地沙田柚的品质、杜绝假冒伪劣，积极争创"中国名牌"和"中国驰名商标"，不断提升容县沙田柚的品质声誉、知名度和市场占有率。

广西宽华电子商务有限公司已经建成容县电子商务产业园官网、手机应用程序等电子商务云平台，而数据库的建设包括沙田柚资源、销售分布、生产资料需求、加工流通企业、经纪人与专业合作社等信息。通过进行电子商务培训，教会广大果农学会通过互联网联合购买肥料、农药等生产资料，利用统一、集中、量大的优势竞价，降低生产成本，培训还教会果农们利用互联网对沙田柚运输进行集中、公开招投标，最大限度降低沙田柚销售的物流成本。

2) 钦州灵山荔枝节

灵山荔枝种植历史悠久，面积广、产量高、品种多、品质优，被赋予"中国荔枝之乡"的美称，有"香荔""桂味""三月红""黑叶荔""糯米糍""妃子笑"等早、中、迟熟品种35个，其中"灵山香荔""桂味""糯米糍"等荔枝以果大、皮薄、肉厚、核小、质优而著称。灵山荔枝已经开发出荔枝酒、荔枝蜜、荔枝罐头、荔枝干等产品。灵山荔枝鲜果在国内、国际多次获奖。2012年1月,"灵山荔枝"被国家质量监督检验检疫总局授予"国家地理标志保护产品"。

2016年,灵山县荔枝种植面积55.6万亩,总产量达13万吨,总产值6亿元。为了拉长荔枝销售期,灵山县实现荔枝嫁接"互联网+",通过电子商务提前介入宣传推介预售,让灵山荔枝搭上电子商务的"快车",销往全国各地(图2-14)。商务局统计数据,仅2016年举办的2016年"壮族三月三"国际电商节活动,灵山就预售荔枝80万千克,成交金额达1 000万元,与传统销售渠道相比增收15%~20%。

图2-14 灵山荔枝首摘仪式现场

针对荔枝保鲜难的销售瓶颈,灵山县通过建设荔枝冷藏库,开展长途运输冷链保鲜,延长鲜果供应时间。目前,占地1 000平方米、投资300多万元的灵山县环城供销合作社冷链物流系统已开工建设。据统计,灵山已经建成冷库33个,在建的10个,报建的70个。利用最新的保鲜技术,通过遇冷、模拟休眠等物理无公害技术手段,把荔枝的保鲜期从48小时延长到了72小时以上。

4. 创造新形式,迎接新发展

党的十九大提倡推动互联网、大数据、人工智能和实体经济融合。省级二维码中心正是面向广西全区农产品、快速消费品而建设的,集合了防伪、溯源、营销、孵化、展示等功能,是实现广西区域内农产品的追溯、监督和管理一体化集成的重要方法。二维码中心通过为每一个产品贴上唯一的二维码，起到防伪、溯源的作用，并且能连接各大电商平台，联合营销推广，可以设置包括即开抽奖、扫码送红包、扫码送话费等活动吸引广大客户。

电子商务的发展离不开大数据的支持，更离不开与实体经济的深度融合。广西壮族自治区政府学习了党的十九大报告后，思路更清晰了，目标更明确了，信心也更加坚定了。下一步要紧紧围绕党的十九大报告精神，继续努力孵化和培育自己的大数据分析，通过销售数据的分析，直接对接上游货源，避免实体工厂产能过剩，同时也能促进企业按需生产，让互联网和大数据与实体经济紧密对接。

2.2.2 广西农产品与电子商务

现在的电子商务涉及领域越来越广，农村电子商务也渐渐兴起，通过网络平台为农村的资源嫁接各种服务，拓展农村信息服务业务、服务领域，使之兼而成为遍布县、乡（镇）、村的三农信息服务站。作为农村电子商务平台的实体真正落地，使农民成为平台的最大受益者。

近年来，电子商务在农村迅速发展，通过网络平台覆盖农村的生产、销售、供应等各个环节，为农村提供信息、交易、结算、运输等电子商务服务。农村电子商务在发展中已逐渐形成了遍布县、乡（镇）、村的网络交叉服务体系，有效解决了农村销售、消费、创业、产业集聚、城乡一体化等问题。

农村电子商务自2009年以来逐步实现快速增长趋势，2016年淘宝村在中国走过第一个10年，出现新突破：全国淘宝村突破1 000个、淘宝镇突破100个。截至2016年8月底，在全国共出现1 311个淘宝村，广泛分布在18个省市区。其中，浙江、广东和江苏的淘宝村数量位居全国前三位。

农村电子商务中发展最快的是农产品电子商务，它是指将电子商务等现代信息技术和商务手段引入现行的农产品生产、经营中，以保证农产品信息收集与处理的有效畅通，通过农产品物流、电子商务系统的动态策略联盟，建立起适合网络经济的高效能的农产品营销体系。

广西是多民族聚居的自治区，居住有壮、汉、瑶、苗、侗、仫佬、毛南、回、京、彝、水、仡佬等12个民族，此外还有满、蒙古、朝鲜、白、藏、黎等其他民族成分。常住人口中，少数民族占37.18%，少数民族人口总数在全国居第一位。

借助电子商务下农村，鼓励少数民族参与到全国市场体系中，充分分享国家和自治区发展成果，实现各民族利益、观念和生活方式的融合，进而促进民族团结和边疆稳定。依托电子商务发展，引导少数民族群众强化市场意识、法律观念、公民认同，逐渐改变传统小农经济模式，接受并积极发展新型农业和农村非农产业经营方式。

1. 农产品电子商务发展的三阶段

1）第一阶段：2005—2012年

2005年，以易果生鲜为代表的生鲜电子商务起步发展；2006年，商务部新农村商网开通全国农产品商务信息公共服务平台；2009年，专业面向上海外籍人士的甫田网上线；2010年，沱沱工社和优菜网开始运营。在此期间，国内频发食品安全事件，导致消费者对品质高、安全性高食材的需求增大，不少企业看到了这个巨大市场，在2009—2012年，涌现出一大批生鲜电子商务。

2）第二阶段：2012—2013年

大量资本涌入农产品电子商务这个行业，导致了行业泡沫的产生，不少网站经营陷入困境。2013年年初，北京"优菜网"曾寻求转让，上海"天鲜配"被下线。不过，社会化媒体及移动互联网的发展让生鲜电商们有了更多模式的探索。

3）第三阶段：2013年—现在

在目前的农产品电子商务格局中，以顺丰速运优选、1号生鲜等为代表的商家都获得了强大的资金注入，并形成了各自的经营模式。例如，顺丰速运优选的供应链驱动型、本来生活的营销驱动型、沱沱工社的产品驱动型。云计算、大数据及2013年微博、微信等工具为各商家提供了更多的选择。

2. 广西农产品电子商务 7 种方式

1）农产品+社交平台

互联网社交平台众多，包括之前的人人网、开心网，现在人们常玩的微信朋友圈、新浪微博、QQ 空间等。

社交平台的价值在于强互动与强信任，有助于个人品牌的建立，特别适合年轻的新时代农民创新创业，不仅能高溢价卖出农产品，还可玩转乡村旅游、产品订制等花样。"农产品+社交平台"需要的能力包括社会关系、文案功底、故事营销能力、互动技巧等。

2）农产品+电子商务平台

电商平台包括 C2C 和 B2C 两大类，C2C 的代表当之无愧是淘宝，但淘宝主要是流量经济，其上聚集了数十万卖家，不做推广的产品很难获得关注的机会，而且店铺装修与设计也需要花费大量的成本，因而对于广大普通农民来说，淘宝作为一个销售渠道的价值越来越小。

但是，如果你是一家合作社或农产品生产、加工企业，那么品牌经济是方向，可以尝试选择各类电子商务平台合作，在其上开店或作为供货商，发布团购、打造爆品、增加销量并建立自身的品牌。

3）农产品+媒体平台

由于微信公众号、今日头条、一点资讯、百度百家、鸿蒙云平台等自媒体平台的快速发展，目前已进入人人都是自媒体的时代，再加上论坛、博客和一些新式互联网媒体平台作为补充，人人都可以写"软文"宣传自己的产品，也可以找公关公司做软文宣传。例如，能写出一篇 10 万+的文章，那就要发愁产品不够卖了。此种模式适合特色农产品生产者进行尝试。

4）农产品+综合性信息对接平台

这些年来，我国建设了大量综合性农产品信息对接平台解决这个问题，这些平台都能够发布产品供应信息和产品采购信息。但是，随着信息发布量的增加，效果并不是很好，有些需要购买高级会员才能获得更好的服务。此种模式适合散户增加产品销路，其缺点是不易体现产品的品牌价值。

5）农产品+专业电子交易市场

随着产业互联网的快速渗透，目前一些农产品品类里已出现了规模较大的专业电子交易市场，只做单品类产品的网络交易或拍卖，像重庆的国家生猪市场、斗南花卉电子交易中心、中国芦笋交易网、棉庄网等。

他们由于只专注于一个领域，因而更容易在行业里形成影响，也更容易汇聚本领域的交易者，值得各类型农产品生产者的大力关注。

6）农产品+C2B 平台

C2B 模式是指由消费者发起需求，引导农产品生产者进行生产或电商平台反向采购的交易模式。

例如"聚土地"项目，由消费者通过互联网平台虚拟购买一块土地，消费者可指定该块土地今年的种植品种，收获一年内土地上产出的所有农产品，并可到自己的土地上旅游度假、种植体验。

例如，美菜、链农、小农女，他们一方面汇聚城市里中、小餐厅分散的采购需求；另一方面再回到上游寻找合适的农产品基地进行采购，或引导基地进行生产。

此种模式适合城市周边的合作社或农场进行尝试。

7）农产品+自建网站

将自建网站放在最后是因为农产品生产者自己搭建电商平台进行销售的成本较高，需要专人维护和营销推广，而效果并不能很好保证，因此不做主要推荐。但是，对于一些实力较强的农业企业或合作社也可采用此种模式，其好处是自己的销售渠道不会受到他人控制或干涉。

3. 广西农产品电子商务的发展状况

1）发展形势

广西独特的地理位置和气候特点为农业发展提供了良好的生产条件，秋冬菜种植面积和产量均居全国第一位，是全国最大的"南菜北运"生产基地和全区重要产业支柱；荔枝、沙田柚、芒果、罗汉果等特色农产品广受市场欢迎。2003—2013 年，广西农产品网上促销累计成交1 400万吨以上，交易金额 300 多亿元。2014 年，广西壮族自治区"南菜北运"综合服务平台投入运行，"电子商务进万村"工程在贵港市、巴马县启动，11个电子商务服务试点已经投入运行，阳朔、扶绥、浦北等13县（区、市）成为全国农村电子商务信息服务工作试点县（区、市），广西农村电子商务发展进入新阶段。

2）发展需求

互联网技术和电子商务技术迅速发展的今天，广西农村电子商务发展显得尤为迫切。①广西壮族自治区近几年在农业产业化发展过程中已有可喜成果，农业逐渐规模化发展，然而如果没有电子商务为农业产品的输入提供便利，将会提高农业发展的费用和成本。②广西处于中国西部，素有"八山一水一分田"的说法，交通较为落后，信息流畅不通，因而广西的优势农产品难以推广，不能在市场中实现自己的价值。电子商务可以有效宣传广西的优势农产品，实现农业的跨越式发展。③电子商务可以有效规避价格波动风险。电子商务将市场信息及时传递到农业生产者手中，减轻由于信息不对称、农产品价格波动造成的损失。

3）发展基础

在中央的支持和推进下，广西壮族自治区电子商务已经有了初步的发展基础。一方面，农村电子商务的网络基础基本建立，农业专家系统开发工程和多媒体教材建设工程相继投入实施；另一方面，政府大力推动农村电子商务的发展。2002年，广西壮族自治区人民政府把农业信息化工作纳入工作议程，提出"生态农业、信息农业、品牌农业"的发展思路。

4. 广西农产品电子商务面临的挑战

1）县、乡政府高度重视，但缺乏经验指导

在经济新常态背景下，传统产业提升乏力，各县、乡政府对借势电子商务寻求区域经济腾飞充满期待与积极性。但是，电子商务属于信息化时代的新生产业，农村电子商务、跨境电子商务、O2O、M2C等模式不断涌现，传统引进一两个企业，拨付一两个项目资金就可以平地起楼、蓬勃发展的思路已不能适应电子商务的发展需求。同时，电子商务进农村是一项具有专业性的系统工程，商业模式的顶层设计处于核心地位，对相关支撑类服务（物流、人才、基础设施等）也有较高的要求。

各县、乡政府缺乏对产业的深入了解，统筹各方要素的能力不足，无力支撑体系建设的全面推进。

2）农民群众参与积极，但是缺乏应用技能

农村生产消费环境落后，农产品的销售难题依然存在，同时城里优质的商品又无法惠及农民，一些山寨商品在农村大行其道。但是，农村留守的居民普遍缺乏电子商务应用的技巧和能力，依靠自主学习、自力更生掌握相关技能并不现实。

3）中央及自治区大力推动，但是缺乏具体标准和规范

中央和自治区高度重视电子商务进农村工程，为大力推动电子商务进农村示范工程，商务部选取了广西8个县作为电子商务进农村示范县，每个县给予了2 000万元财政支持。但是，对于电子商务进农村系统工程来讲，资金要用于基础设施、物流、培训等多个方面。如何让资金流向电子商务进农村切实需要的地方，如何引导社会资金有序参与进来，这些问题显得尤为重要。

4）相关企业利益本位，缺乏统一思想

平台商、物流商、设备商等各方企业响应国家的电子商务进农村号召，积极参与，与县乡政府开展多方面合作。但是，作为利益追求体的企业，企业盈利是其首要目的，难以做到统筹和兼顾，导致各方企业各自为政，越做越乱。政府组织各方企业参与电子商务进农村，需要进行统一的统筹和规划。

广西农村电子商务在近几年有了较快的发展，但是依然存在一些困难和问题。

5. 广西农产品电子商务应采取的措施

结合中国—东盟自贸区框架、参与"一带一路"倡议的国际定位和《国务院关于进一步促进广西经济社会发展的若干意见》提出的北部湾经济区、桂西资源富集区和西江经济带规划，打造广西成为"中国与东盟双向农产品贸易枢纽"。同时，考虑农业主产区优势品种分布、涉农产业发展与布局、新型农业经营体系建设方向，以电子商务进农村综合示范县建设为抓手，搭建全区农村电子商务平台，完善农村电

子商务配送及综合服务网络，探索建立促进农村电子商务发展体制机制。

广西农村电子商务建设和发展布局，将统筹结合区位、区情，在14个地级市设立市级服务中心和仓储物流中心的主仓，在50个县行政单位设立子服务中心和分拨中心，在1万个行政村设立农村电商服务网点，形成覆盖全区的电子商务服务网络。

在推进步骤和格局上，将以广西8个全国农村电子商务示范县为核心，逐步推动电子商务向周边区县扩展，促进全区域电子商务的快速发展。广西8个示范县均匀分布于广西行政区域图上，合力形成纵贯南北、横穿东西的电子商务产业发展带，与广西行政区划形成完美的契合。

广西电子商务进农村在整体发展规划上，将从建设全区农村电子商务体系和建设中国—东盟跨境农产品双向贸易枢纽进行总体布局和规划。

1）建设全区农村电子商务体系

将电子商务进农村作为农村市场体系建设的重要引擎，扎实推进"电子商务进农村示范项目"和"电子商务进万村工程"，促进城乡电子商务平衡发展。培育发展"电商镇、电商村"，探索"企业—基地—网店"或"协会—基地（合作社）网店"的农村电子商务模式。围绕家电等工业品与快销品下乡、农产品进城和农村电子商务综合服务需求，构建农村电子商务支撑服务体系。推进涉农流通龙头企业、农产品批发市场、邮政企业等建立连锁直营店、加盟店信息网络和农村配送网络，在镇、村超市（便民店）设立电子商务服务站点和农村合作社；探索引入电子商务龙头企业搭建农村电子商务平台和农产品流通公共服务平台；引入互联网金融，保证农民权益；依托借助网络应用的普及，进一步提高农村便民服务和村务公开等管理能力。

加强特色农产品生产、包装、运输的标准化质量管控和原产地品牌建设，引导农户依托知名电商的第三方平台开展网络零售，提升"灵山荔枝、百色芒果、北海海鲜"等农特产品的知名度；发挥特色农产品基地优势，开展农家乐旅游。发挥我区秋冬菜种植优势，进一步深化"南菜北运"平台的应用。通过对广西农产品生产、收购、运输、批发、零售等环节信息的采集、加工和整理，实现农产品供需双方、物流供需双方的信息发布管理功能，实现物流与农产品购销交易的撮合作用。同时平台与多家试点企业完成系统对接，将"南菜北运"规划建设的40个农产品集配中心和广西18个大型农产品批发市场全部纳入采集网络，将广西打造成为面向全国的农产品电子商务供应基地。

2）建设中国—东盟跨境农产品双向贸易枢纽

依托中国—东盟自贸区框架和国家"一带一路"倡议，打造中国—东盟跨境农产品电子商务综合服务平台。同时，借助北部湾经济区建设契机，发挥北部湾经济区作为华南经济圈、西南经济圈和东盟经济圈结合点的地理优势和交通优势，打造联通境内和国外的农产品国际贸易综合体系，并与农村电子商务平台进行全面对接，依托电子商务平台建设，吸引更多来自华南、西南地区的农产品借道出海，以及更多来自海外的农产品由广西借道入关。

此外，在积极参与西江经济带建设过程中，积极打造联通东部发达省区和西南欠发达省区的电子商务综合性服务平台，使广西逐步成为联结西南内地和东部发达省区的农产品大通道枢纽。

3）广西电子商务进农村主要任务

根据农村电子商务总体布局，农村电子商务的主要任务是围绕农村电子商务发展主题——农产品的上行以及城市工业品的下行，即"农产品进城，工业品下乡"，致力于解决农村市场的"买与卖"两大问题。基于农村交通通达能力、人口分布密度、网络光纤等基础设施水平，合理布局物流配送及电子商务服务站点，搭建物流配送管理、商品交易管理及综合服务平台，借助网络完善农村便民服务、政务村务公开、培训服务、创业服务等综合服务体系。

第3章 广西区域电子商务定位

3.1 跨境电子商务

3.1.1 跨境电子商务的兴起与发展

一般认为，跨境贸易电子商务（简称跨境电子商务）是指分属不同关境的交易主体，通过电子商务平台达成交易、进行支付结算，并通过跨境物流送达商品、完成交易的一种国际商业活动。中国跨境电子商务的兴起可以溯源到1999年阿里巴巴推出的中国供应商。从1999年阿里巴巴用互联网连接中国供应商与海外买家后，中国对外出口贸易就实现了互联网化。2004年创立的敦煌网是全球领先的在线外贸交易平台，是国内首个为中小企业提供B2B网上交易的网站。敦煌网致力于帮助中国中小企业通过跨境电子商务平台走向全球市场。兰亭集势自2006年创始，已经发展成为国内外贸出口B2C业界最好的网站之一，兰亭集势的使命是为全世界中小零售商提供一个基于互联网的全球整合供应链。全球速卖通是2010年阿里巴巴旗下面向全球市场打造的在线交易平台被广大卖家称为国际版"淘宝"。像淘宝一样，把宝贝编辑成在线信息，通过速卖通平台，发布到海外。

从最早的电子商务国际贸易到现在的跨境电商，可以看出对外的互联网商业模式共经历了三个阶段,实现从信息服务到在线交易、全产业链服务的跨境电子商务产业转型。①跨境电商1.0时代(1999—2003):主要商业模式是网上展示、线下交易的外贸信息服务模式。跨境电商1.0阶段第三方平台的主要功能是为企业信息以及产品提供网络展示平台,并不在网络上涉及任何交易环节。②跨境电商2.0阶段(2004—2012):随着敦煌网的上线,跨境电商2.0阶段来临。这个阶段,跨境电商平台开始摆脱纯信息黄页的展示行为,将线下交易、支付、物流等流程实现电子化,逐步实现在线交易平台。③跨境电商3.0阶段:2013年成为跨境电商重要转型年,跨境电商全产业链都出现了商业模式的变化。随着跨境电子商务的转型,跨境电商3.0"大时代"随之到来。首先,跨境电商3.0阶段具有大型工厂上线、B类买家成规模、中、大额订单比例提升、大型服务商加入和移动用户量爆发五个方面特征。对于跨境电商3.0阶段的主要卖家群体正处于从传统外贸业务向跨境电子商务业务的艰难转型期,生产模式由大生产线向柔性制造转变,对代运营和产业链配套服务需求较高。此外,跨境电商3.0阶段的主要平台模式也由C2C、B2C模式向B2B、M2B模式转变,批发商买家的中、大额交易成为平台主要订单。

3.1.2 广西电子商务与东盟

广西背靠大西南、毗邻粤港澳,是我国唯一与东盟陆海接壤的地区,也是西南地区最便捷的出海大通道,是中国对东盟开放合作的前沿和窗口,具有发展电子商务尤其是对东盟跨境电子商务的优势。随着中国—东盟"钻石十年"的开启,泛北部湾经济合作的推进,广西成为连接中国与东盟的交流桥梁,战略地位得到显著提高。在"一带一路"背景下,依托独特的区位优势,广西将致力于与东盟各国打造21世纪"电商丝路",广西跨境电子商务企业在不断发展壮大,现在初步形成了中国—东盟跨境电子商务的主渠道。

广西一直以来都高度重视与东盟国家的跨境电子商务合作,加大力度推进跨境电子商务的发展,推出了"电商广西、电商东盟"及"电子商务倍增计划"等发展战略。2015年6月,广西制定了《关于加快电子商务发展的若干意见》，其中明确指出广西将以建设中国—东盟跨境电子商务基地为目标，加大对电子商务发展的财政税收等政策的支持力度。根据"若干意见"决定对于提供第三方服务的电子商务平台和大宗商品电子商务交易平台免征属于地方分享部分的企业所得税，给予电子商务用地、金融、人才等方面一系列的政策保障，鼓励电子商务领域就业创业。据广西壮族自治区商务厅统计数据显示，2015年，电子商务交易额4 420亿元，同比增长110%，实现倍增。2016年，广西电子商务继续保持高速发展态势，全区电子商务交易额约6 000亿元，与2015年同比增长35.7%。2016年，广西跨境电子商务交易额330亿元，约占广西年度进出口交易额的10.4%。

广西发展跨境电子商务有诸多优势，如区位优势、东盟市场的巨大潜力、广西的网络基础设施建设完备、完善的物流配送体系、东盟人才等。在"一带一路"的战略背景下，广西必须把握机遇，充分利用自身优势，努力打造中国—东盟跨境电子商务基地，推动"一带一路"建设落地生根，推动建立更为紧密的中国—东盟命运共同体。

3.2 广西电子商务与阿里巴巴

3.2.1 阿里巴巴与农村淘宝

阿里巴巴集团由曾担任英语教师的马云为首的18人，于1999年在中国杭州创立。2014年10月13日，阿里巴巴集团在首届浙江县域电子商务峰会上宣布，启动千县万村计划，在3~5年内投资100亿元，建立1 000个县级运营中心和10万个村级服务站。来自商务部的统计数据显示，2015年农村地区网购交易额达到3 530亿元，同比增长96%；农产品网络零售额达到1 505亿元，发展农村网民达到5 659万人，新增网店达到118万家，在全国1 000个县里，已经建成了2.5万个电子商务村级服务点。到2016年年底，阿里巴巴农村淘宝，已经覆盖全国29个省、近700个县域（含建设中）的3万多个村点。

三年三个台阶，阿里巴巴"村淘战略"在2014—2017年，经历了从跨境电商1.0阶段到跨境电商3.0阶段的业务模式升级。3年间，村淘模式不断迭代升级。2015年5月，升级为村淘2.0业务模式，合作伙伴从非专业化的小卖部，转变成为专业化的"农村淘宝合伙人"。2016年7月28日，村淘宣布启动以"服务"为核心的村淘3.0业务模式，升级的村淘3.0业务模式，将把阿里巴巴整个服务体系下沉到农村，为村民提供覆盖生产、生活场景的多项服务产品。

村淘3.0业务模式将为县域重点打造生态服务中心、创业孵化中心、公益文化中心，三个中心形成聚合效应时，农村淘宝将完成在农村整个生态体系的搭建，而终极目标就是——打造"智慧农村"。对于农村淘宝来说，这是一个"远大的梦"。未来村民不仅仅是在村级站点上解决买卖的问题，而且能在村淘所建设的农村服务生态体系中，通盘统筹金融、物流、养老、教育、健康、旅行等一系列社会民生问题，从而实现其最终的使命：让农村生活变得更美好！

3.2.2 广西电子商务与阿里巴巴

根据广西商务厅资料显示，2013年广西电子商务交易额397.50亿元，到2016年广西电子商务交易额达到6180亿元，同比增长39.8%；2017年上半年，广西电子商务交易额达3500亿元，同比增长13.90%，广西电子商务呈现快速发展的势头，面临很多机遇。一是国家和广西相继出台了一系列支持电子商务发展的政策，大力支持电子商务发展；二是在"一带一路"沿线开放发展下，广西依托区位优势，中国—东盟信息港全面启动建设，跨境电子商务发展环境不断优化，东兴、凭祥、龙州等依托边境优势，跨境电子商务快速发展；三是电子商务的渠道逐步从城市延伸到农村的各个角落，目前广西电子商务进农村网点超1000个，有23个县列入电子商务进农村全国综合示范县；四是通过开展"电商入桂"，浙江传化集团、北京至简云图科技发展有限公司、浙江聚贸电子商务有限公司、中万环球有限公司、阿里巴巴"一达通"等一批电子商务企业落户广西发展；五是举办中国—东盟电子商务峰会、广西"壮族三月三"国际电商节、"党旗领航·电商扶贫"、广西电子商务创业大赛等活动，电子商务发展创业的氛围日益浓厚。

2017年12月，阿里巴巴集团宣布投入100亿元人民币成立脱贫基金。2017年，阿里巴巴与商务部合作打造兴农扶贫频道，目前累计对接全国13个省份，120个国家级贫困县。每个国家级贫困县的农产品平均销往270余个地级市，基本覆盖了全国绝大部分城市。这条链路通过整合阿里集团、社会和政府资源，一起建立农产品电商发展标准体系（村淘和地方政府合作）、农村电子商务服务站点（村淘点）、人才保障体系（村小二和淘帮手）、商贸、供销、邮政和电子商务互联、互通的物流体系（菜鸟物流）、电子商务产业园（淘宝村）、农产品冷链物流基础设施网络（联合社会第三方企业）、鲜活农产品直供直销体系（天猫、盒马鲜生和天猫小店等）以及农村金融支撑体系（蚂蚁金服）。

目前，阿里巴巴已与广西39个县（市、区）正式签订合作协议，开通农村淘宝县域33个，建设村点1 170个。同时，乐村淘、京东商城、苏宁易购、村邮乐购等全国知名电子商务平台，争相布局广西农村实体市场，落地发展。其中，广西阿里巴巴农村淘宝招募合伙人（农村淘宝"店小二"）1 500多人，人均月收入2 800元，带动合伙人增收500余万元，全年实现交易额约8亿元。

过去，一条网线带来的繁荣市场经济是农民们从未"奢望"的事情。目前，随着电子商务进农村综合示范点不断发展壮大，形成一批"电商+产业"发展的新模式，走出一条有效的致富之路。例如，横县以阿里巴巴等大型电子商务企业为依托发展农村电子商务，打造横县茉莉花茶品牌数量超60个，茉莉花和茉莉花茶系列产品网上销售额达1亿元。百色通过电子商务平台销售芒果的店铺达3 700多家，网络销售芒果7.4万吨，占全年销量的22.6%，直接带动1万多人就业。东兴市万诚种植养殖专业合作社海鸭蛋网上销售额达到320万元。桂林罗汉果种植面积达6 000亩，通过互联网实现罗汉果销售额7 000万元。富川脐橙利用电商销售，从传统市场销售价格1.0~1.2元/斤2.0~2.4元/千克增长到2.5~3.2元/斤（5.0~6.4元/千克），种植户和加工企业实现增收。

2017年，广西的龙州县、南丹县、扶绥县、天峨县、大化县、乐业县、西林县、资源县、都安县、昭平县、上林县、金秀县、三江县

13个县获批国家电子商务进农村综合示范县。截至2017年6月，各示范县共建成电子商务进农村服务站点1 708个。其中，县级服务中心18个，乡镇服务站104个，村级服务点1 586个；共建立物流配送网点1 583个，其中县级物流配送中心26个、乡镇配送网点233个、村级配送网点1 324个；农村电子商务业务累计培训36 941人次；推动形成农产品网销单品698个。同时，电子商务进村也迎来"电商+产业+市场+冷链"新模式。重点解决农村物流配送瓶颈，支持快递物流企业、电子商务企业在乡（镇）建立符合电子商务发展需要的快递物流配送门店，在贫困村建立快递服务点。

2018年8月，阿里巴巴兴农、扶贫（广西站）项目启动，玉林北流市、梧州苍梧县、桂林灌阳县、河池南丹县、贵港平南县、防城港防城区、柳州柳江区等15个县（市、区）接受阿里巴巴兴农、扶贫品牌站授牌，正式入驻阿里巴巴农村淘宝兴农、扶贫频道。阿里巴巴提供天猫生鲜、聚划算、淘抢购等优质平台资源，拓宽当地农产品销路，并整合阿里巴巴淘宝大学、菜鸟物流、蚂蚁金服等人才、物流、金融资源，推动15个县（市、区）农产品标准化、品牌化发展，助力农户增收。

总而言之，广西应根据自身的实际情况，利用近年来广西经济快速发展的大好形势、中国—东盟自由贸易区建立的新机遇和大力推进信息化建设的良好环境，借助阿里巴巴的千县万村电子商务扶贫计划，发挥地缘优势、侨乡优势、政策优势以及企业经营灵活的优势。通过选择适当的模式开展电子商务，加速传统企业的信息化改造，进一步优化经济产业结构，发展好广西经济。

第4章　广西电子商务人才需求

4.1　总体需求情况

"十三五"期间，我国网络购物用户规模达 4.67 亿元、电子商务交易额达 26.1 亿元、电子商务从业人员数量突破 3 700 万人，网上零售交易额达 5.16 亿元、农村网络零售交易额达 8 945.4 亿元、电子商务服务业营收规模达 2.45 亿元，电子商务助力农村扶贫工作取得初步成效，第三方互联网支付进一步普及，第三方互联网支付交易规模达 19.2 万亿元，我国稳居全球规模最大、最具活力的电子商务市场地位。①

"十三五"期间，广西壮族自治区继续深入实施"电商广西、电商东盟"工程，在顶层设计、中国—东盟信息港、跨境电子商务、农村电子商务、招商引资、电子商务示范、平台搭建、强化基础、创业创新等 9 个方面取得明显进展。2016 年，广西电子商务交易额同比增长 39.8%。电子商务成为"互联网+"行动的先导领域，网络零售仍由个人网店领军，C2C 业务交易额达到 61.2%，B2C 业务所占比例由 36.4% 提升到 38.8%，广西消费者"双十一"当天的网购额超 23.37 亿元，

---

① 资料来源：中华人民共和国商务部《中国电子商务报告 2016》。

全国排名第16位。农村电子商务进入快车道,农村网民规模达715.3万人,占比31.7%。目前,广西电子商务进农村网点1 500多个,全区有23个县列入电子商务进农村全国综合示范县。

以上是从国家到地方电子商务行业发展现状的调研,我国目前需要补充高端电子商务专业人才的同时,为了促进电子商务人才结构和布局的合理性,也需要补充一批精强能干、动手实践能力强、知识更新快的电子商务人员。进一步优化电子商务人才结构,继续增加各类别初、中、高电子商务人才在电子商务从业人员中的比重,力争使各类别高、中、初级电子商务人才比例达到10∶40∶50,电子商务人才的分布、层次和类别等结构趋于合理。由此可以看出,未来需要的中高级电子商务人才在电子商务人才中所占的比重最大。经过调研,目前市场对电子商务人才的需求分为三个层次:一是技能操作型人才;二是分析型人才;三是决策型人才。而高职学校承担的正是为社会提供技能操作型人才的任务,所以高等职业学校在优化我国电子商务人才结构方面具有重要作用。

在人才需求方面,主要结论有三点:一是电子商务专业人才在当前社会需求量很大;二是高级电子商务专业人才短缺,技能型人才仍然有很大的社会需求量;三是高等职业学校培养的电子商务专业人才可以实现广渠道就业,对应的就业岗位主要有网店产品摄影师、网店美工、网络营销员、客服专员、个体网店店主、营销主管、客服主管、企业级网店主管等,并且可拓展的就业岗位也较多。目前,电子商务专业的人才培养远远满足不了现代电子商务快速发展对专业人才的需求。

1. 行业需求情况

随着广西电子商务的深入发展,电子商务的人才需求在农村电子商务、跨境电子商务、东盟电子商务、社区电子商务、数字电子商务、电子商务物流等方面的人才需求呈井喷式的增长。在电子商务行业领域里,农业企业、农民专业合作社、农村实体店、乡村旅游点、农业电子商务企业、农村个体网商、农村电子商务创业者、农产品批零市场、家庭农场的电商人才需求最为强烈。由于这类行业属于转型类企业,因此它们的需求量最大,需求的渴望程度也最强烈。

2. 电子商务人才的技能需求

岗位能力要求主要有以下几个方面。

1) 职业素养

(1) 具有良好的职业道德,能自觉遵守行业法规、规则和企业规章制度。

(2) 具备网络交易安全意识,能防范个人信息泄露,辨别网络欺诈,采用正规渠道实施网络买卖与支付。

(3) 具有执行能力、应变能力、团队协作与承压能力。

(4) 具有良好的语言表达和沟通能力。

(5) 具有较强的逻辑思维能力并能独立处理问题。

(6) 具有一定的创新能力。

2) 专业知识

(1) 了解基本的商务礼仪常识。

(2) 了解营销基本知识。

(3) 掌握计算机应用基础知识,能使用计算机常用工具软件处理日常工作文档,满足工作需要。

(4) 掌握电子商务基础知识,能熟练使用互联网交易平台,处理 C2C、B2C、B2B、O2O、微商等商务活动交易。

(5) 掌握电子商务网站信息采集与信息加工的相关知识,能完成信息搜索、原创、编辑、发布等信息处理工作。

(6) 掌握电子商务物流配送相关知识,能完成商品打包、订单处理、配送等环节的重要工作,符合企业规范。

(7) 掌握电子商务网站编辑相关知识,能根据需求,设计网站风格、网页布局、网站色调等,并使用设计类工具软件呈现设计效果图;能根据网站主题编辑、撰写相关稿件,能策划与管理网站栏目。

(8) 掌握网络营销相关知识，能根据需求，操作站内和站外推广媒介，达到网络营销目的。

(9) 掌握电子商务日常工作中客户服务相关专业知识，能按照服务规范与流程，服务客户，提出顾客接受的解决方案。

(10) 掌握主流微平台的特点，能根据需求，灵活运用不同的微平台开展电子商务与营销活动，并能做好微平台的客户关系管理。

3) 专业技能

(1) 专业（技能）方向1——网络编辑：

①能通过修改 html 语言代码，完成页面编辑。

②能使用设计类工具软件，按照网站设计效果图建设网站，符合行业规范。

③能根据促销方案，使用工具软件，结合美工与视觉营销功能，设计制作促销广告，清晰表达促销方案重点信息。

④能使用第三方平台后台功能，美化网店页面。

⑤能根据网站主题进行素材采集/分工/加工、撰写稿件、网站栏目/频道策划与管理等网站内容建设。

(2) 专业（技能）方向2——网络营销、微商：

①能根据企业需求，撰写不同类型的论文，符合行业规范。

②能根据企业需求，策划促销活动主题，撰写促销活动方案，制定促销活动实施计划。

③能根据推广目标，实施基础的 SEO 推广，满足基本要求。

④能根据企业需求，运用整合网络营销相关知识，利用推广媒介实施网络推广。

⑤能灵活使用各种微平台，根据不同平台特点发布信息，并能监测信息的传播情况。

⑥能根据企业或个人需求，运用微平台开展营销与电子商务活动。

⑦能根据企业需求，实施微平台客户关系管理。

(3) 专业（技能）方向 3——客户服务：
①能使用标准的普通话与客户交流。
②能使用规范化语言服务客户，与顾客沟通顺畅。
③能理解客户需求，正确录入信息，汉字录入速度达到 80 字/分钟。
④能按照客户关系管理流程与规范，使用 CRM 客户关系管理系统，实施大客户关系管理。
(4) 专业（技能）方向 4——网店运营：
①能灵活使用各种电商平台，根据不同平台特点建立网店。
②能根据个人需求，独立运营网店。
③能根据企业需求，开展网店装修、推广等相关工作。
④能根据企业需求，开展网店客户关系管理、网店订单处理等相关工作。

4.2 广西电子商务人才需求情况

《广西电子商务发展三年行动计划（2018—2020）》提到，2020 年实现全区电子商务交易总额突破 1 万亿元，年均增长 20%；其中全区网络零售额力争达到 2 000 亿元，年均增长 30%以上，占社会消费品零售总额 15%以上。建成 100 个电子商务产业园区，规模以上企业电子商务应用率达 90%以上，广西成为面向东盟的电子商务创新发展基地和区域国际合作交流平台。到 2020 年，电子商务从业人员达 18 万人，年均增长 20%以上。据测算，目前广西电子商务从业人员缺少 9 万多人。

目前，我区电子商务正在围绕着电商扶贫、农商协作、农产品电子商务、物流配送等，发展农村电子商务。农村电子商务服务网点将会超过每村 1 个以上，农村电子商务交易额超 300 亿元，并且每年以 30%的速度递增，到 2020 年所有的贫困县农村电子商务全覆盖。另外，广西正在打造"电商广西、电商东盟"工程，这两项工程的实施催生大量的电子商务岗位。但是，广西缺少电子商务人才情况非常严重，尤其是围绕农村电子商务、物流配送、东盟电子商务、跨境电子商务方面的电子商务人才。

目前，广西正在实施"党旗领航·电商扶贫工程"，全区 39 个县在实施电子商务进农村示范项目。再加上乐村淘、京东商城、苏宁易购、村邮乐购、阿里巴巴的"千县万村"计划等，在广西区域内约建成 3 万个县乡村级电子商务服务站点，2 万个物流配送点。这些网点多数没有专业的电子商务人才，现在的运营大多数是项目就地培训的当地个体或者合伙人，这些网点对电子商务的人才需求巨大，而且急需补充电子商务人才才能适应农村电商的快速发展需要。

总的来说，"电商广西"缺少人才，"电商东盟"缺少人才，农村电子商务、跨境电子商务、社区电子商务、农民专业合作社、农村实体店、乡村旅游点、农业电子商务企业、农村个体网商、农村电子商务创业者、农产品批零市场、家庭农场更缺少电子商务人才。

4.3 广西电子商务人才培养情况

4.3.1 院校渠道培养情况

我国在 2001 年首次开设电子商务专业，广西也在这个时候开始在高等教育层次设立电子商务专业。2002 年，开始在中等教育层次设立电子商务专业，至此广西开始了电子商务专业的人才培养。

目前，广西有 12 所本科院校、40 所高职院校、116 所中职学校（含技工学校）开设电子商务专业，每年毕业生约 29 400 人。其中，本科生约为 1 000 人，高职生约为 5 400 人，中职生约为 23 000 人，占比分别为 3%、19%、78%。在中职这个层次的电子商务毕业生来自四星级以上学校的人数仅占该层次人数的 50% 左右，对比调研社会对电子商务高、中、初级人才的需求比（10∶40∶50），以及从广西电子商务人才的需求情况，可以看出，广西电子商务人才培养的数量和质量都远不符合广西电子商务的发展对专业人才的要求。

4.3.2 社会渠道培养情况

广西壮族自治区内的大、中专院校电子商务的人才培养数量远远满足不了社会的需求。在实践中,广西电子商务企业的发展,往往在各种项目中安排培训,将社会上其他非电子商务专业毕业的电商从业者进行电子商务项目培训,使其掌握电子商务的执业能力。在广西的"十三五"规划、《广西电子商务行动计划(2018—2020)》中都提到人才培训的内容。"电商广西""电商东盟""电子商务进农村综合示范县""党旗领航·电商扶贫""千县万村计划"等项目都计划安排有电子商务人才培训的资金。广西实施这些项目和工程,累计进行电子商务培训超过30万人次。此外,水库移民局实施的水库移民培训,农业农村厅实施的新型职业农民培训、现代青年农场主、致富带头人培训,人力资源社会保障厅实施的下岗职工、农民工培训等,都培养了大批农村电子商务人才。这些社会渠道的培训成为补充广西电子商务人才不足的途径。

4.3.3 人才引进方面

《广西电子商务行动计划(2018—2020)》支持将重点电子商务产业园区企业引进高层次人才产生的住房货币补贴、安家费、科研启动经费等列入成本核算;按照国家和自治区有关人才引进规定,确保符合条件的电子商务人才充分享受居留和出入境、落户、子女入学、医疗服务等方面的优惠政策。

4.4 广西电子商务人才培养模式

4.4.1 大中专院校的人才培养模式

广西开设电子商务专业的院校多达168所,其中本科院校12所,高职院校40所,中职(含技工学校)116所,每年招收近3万名电子商务专业学生。每年经广西教育厅批准的电子商务专业方面教育教学改革立项超过20项。职业院校在教育教学改革研究中紧贴社会需要,对电子商务的人才培养模式进行研究，有从产、教融合的角度研究，有从工学结合的角度研究，有从人才培养质量的角度研究，也有从职业教育集团的角度研究。职业院校各层次、各梯队、各领域对电子商务人才培养模进行研究，是为了研究出更好的人才培养模式。在电子商务人才培养模式上产生了许多具有广西地方特色的人才培养模式，如"双线渗透"的农旅特色电子商务人才培养体系构建与实践项目，该项目在2018年获得国家级教学成果二等奖。

4.4.2　企业自身的电子商务人才培养模式

由于电子商务人才的缺乏，为了获得需要的人才，企业在电子商务运营实践中不断总结获取电子商务人才的模式，主要有企业内部培养、校、企联合培养、外请培训机构培训、招聘等模式。其中，校、企联合培养是企业最积极参与的人才培养模式。联合培养主要有以下几种模式：一是校、企合作订单班，此模式是容易实践的形式，也是企业最容易获得人才的模式。企业和院校、学生签订协议，校、企共同培养学生；二是现代学徒制，其核心是企业和学校共同培养学生，学生既是学校的学生，也是企业的学徒，企业和学校分别承担不同的培养任务；三是职业教育集团模式，它是共享资源式的人才培养模式，企业和学校都是职业教育集团的成员单位，职业教育集团内的双方甚至是多方共享各自的优势资源，各方利用集团共享的资源获取各自需要的资源。

4.4.3　广西壮族自治区政府机构电子商务人才培养模式

政府主导的人才培养主要通过职能部门实施，目前广西壮族自治区政府主导的电子商务人才培养有商务厅的电子商务项目培训，扶贫办的电子商务扶贫培训，水库移民局的水库移民培训，农业农村厅的新型职业农民培训、致富带头人、现代青年农场主，人力资源社会保障厅的下岗工人、农民工培训、创业培训，共青团的创业培训，妇联、工会培训等。它们要么是在项目实施时进行电子商务人才培养，要么就是专门的主题培训。这些模式的人才培养普遍具有普惠性、人才专门性、层次性、组织性、时效性的特点。这些模式的人才培养的广度和深度因地制宜，人才培养的质量非常具有项目指向性。

综上所述，广西的电子商务发展非常迅猛，已经深入广西八桂大地的每一个角落，尤其是随着"党旗领航·电商扶贫""电商广西、电商东盟""电子商务进农村综合示范项目""壮族三月三"国际电商节等项目工程的实施更是进一步加速了广西电子商务的发展。在电子商务人才方面，广西需要大量的电子商务人才，但是广西电子商务方面的专业人才，由于院校资源有限，人才供给远远不能满足广西电子商务的发展需要。在传统观念上，专业人才的培养主要依赖大、中专院校培养，但是在广西电子商务专业的人才培养还有社会渠道和政府渠道的参与。面对巨大的人才需求，广西电子商务的人才培养还得进行更多的创新，采用更多灵活的渠道和形式培养人才。

第5章　广西电子商务案例分析

5.1　电子商务案例分析方法

5.1.1　定量分析法

定量分析是指依照一定的参照指标对研究对象进行比对。电子商务上可以依照交易额、点击率、好评率、流量、"粉丝"量、入驻量、转化率等指标进行比对分析。其中，"粉丝"量是当前电子商务平台规模和电子商务交易流量的重要考量指标。"粉丝"会员的吸引方式、"粉丝"会员的驻留时间和活跃度等，都是分析电子商务网上经营效果的重要实质性参考指标。

5.1.2　内部因素分析法

内部因素分析，主要是从事物的内部结构分析，分析内部结构的关键因素及影响因素的关联性对事物本身发展的权重。电子商务案例分析主要从电子商务的平台定位、资金投入、消费人群、经营产品、营销策略、平台技术框架等方面分析，分析它们之间的联系及对电子商务经营效果的影响权重。平台技术采用往往是制约其他因素发挥其本身属性功能的关键因素。

5.1.3 竞争策略分析法

电子商务经营策略主要有免费策略、低价策略、差异化策略等。免费策略是大多数电子商务企业起步阶段采用的主要经营策略，对企业的发展较为重要，其最大的挑战是采用免费策略的企业对资金压力较大，需要较多的资金准备，同时要求企业对市场的预测能力较强，需要较为准确地预判市场前景。差异化策略是企业根据市场、产品、地域、潜在客户等因素采用差别化的经营策略。差异化策略跟企业内部因素分析策略的经营定位有相似的地方。往往经营发展较为成功的电子商务企业，差异化策略都经营得较好，成为当前电商企业面对激烈市场经营竞争的法宝。

5.2 电子商务销售芒果的典型案例

5.2.1 广西田东县芒果种植情况

广西田东县位于广西西部，地处北回归线上，属典型的亚热带季风气候区，因独特的南亚热带季风气候和全年无霜期、无台风的优越条件，成为与海南、西双版纳相媲美的中国气候和光热条件最好的三个地方之一，特别适合种植甘蔗、芒果、香蕉等亚热带农作物（图5-1）。全县总面积2 816平方千米，辖9镇1乡167个行政村（街道、社区），总人口43万人，境域版图颇似一只巨大的芒果，被誉为"中国芒果之乡"。该县芒果品种有桂七芒、玉文6号、台农一号、金煌芒、凯特芒等40多个。2018年，该县芒果种植面积达32.8万亩，产量21.36万吨，产值12.8亿元，全区排名第一。田东县被农业部命名为"中国芒果之乡"和"第二批全国创建无公害农产品（种植业）生产示范基地县"。2011年7月，田东县香芒获得"国家地理标志保护产品"称号。2019年新种水果10 000亩，其中芒果7 300亩。芒果、柑橘等投产面积增加20%[①]。

---

① 数据来源：田东县政府办公室。

图 5-1　田东县芒果文化活动彩车

5.2.2　广西田东县芒果电子商务基础条件

广西田东县电子商务在"万村千乡"工程、"村邮乐购"电子商务工程的基础上再实施电子商务进农村综合示范项目建设,再投入资金2 000多万元建设完善电子商务基础。通过补短板、整资源、完功能、形合力,完善电子商务基础设施,计划到2020年,电子商务进农村综合示范项目电子商务服务站点覆盖全县50%的行政村和50%的建档立卡贫困村,农村网络零售额同比增长20%,农产品网络零售额同比增长30%,形成完备的电子商务人才储备。建成县级电子商务公共服务中心、农村电子商务站体系、县、乡、村三级电子商务物流体系、农产品上行体系、电子商务人才培训体系、电子商务扶贫体系。构建了以政府主导企业参与网商助力的电子商务框架,有资金、有技术、有人才的电子商务生态在田东基本形成。

除此之外,田东县的地理交通环境比较便利,高速铁路、高速公路、航运水道穿境而过。大批物流企业聚集田东县开埠经营,为田东县芒果销往全国各地提供物流保障。有这些条件和政府部门的大力建设,田东县芒果电子商务销售具备了较好的公共服务基础,在此基础上能吸引一大批网商、微商参与田东县芒果的电子商务分销当中来。据统计全县从事与芒果销售有关的从业人员有6万多人。

5.2.3　广西田东县芒果电子商务渠道情况

广西田东县是农业大县，中国芒果之乡，芒果生产的主体，主要是芒果种植农民专业合作社，全县共96个，区、市、县、乡（镇）四级芒果种植示范园（区）18个，年产芒果21.36万吨。田东县全县专门从事芒果电商销售的电子商务、微商达3 500多家，销售的主要模式：种植户（基地）—收购商—分销商，在此商业模式中从事电子商务销售的主体主要是收购商和分销商。收购商从事的主要是芒果信息的收集和渠道管理的工作，他们向分销商通过电子商务渠道发布芒果信息，主要是芒果的品种、产量、价格等供应信息。分销商包括电子商务公司、网店主、微商等，他们直接接触芒果消费用户，主要通过电子商务渠道，如淘宝、天猫、京东、微店、小程序等实现分销（图5-2）。

图5-2　田东县种植户销售芒果

5.2.4　广西田东县芒果网销去向

据统计，田东县专门从事芒果销售的企业有280多家，从事芒果种植的合作社全部参与网络销售，从事芒果线上营销的个人和企业多达3 500家，年销售约9.54万吨，占全年芒果鲜果产量的40%以上。其中，广西区内电子商务销售约2.3万吨，广西区外销售约6.24万吨。网上销售渠道第一位到第四位分别是天猫、拼多多、京东、淘宝。网上销售城市流向主要是非芒果主产区，如天猫物流流入地排名第一位到第四位的分别是北京、上海、广州、杭州。

5.2.5　广西田东县电子商务销售芒果的效果

田东县芒果产业成为田东的第一产业老大，实现田东县的脱贫致富。田东县芒果电商销售模式采用"电商企业+平台+基地+贫困户"的模式，成立有芒果行业协会及电商协会，管理和规范会员营销行为。结合红色经典、民俗风情、果园参观等"芒乡红城一日游"路线，设置芒果展示品鉴、本土网红直播、线上秒杀促销、芒果进社区等环节，形成线上线下齐发力的销售局面。田东县参与芒果种植农户约 2.52 万户，参与人数 6.36 万人，户均芒果纯收入 43 657.72 元，人均芒果纯收入 17 285.54 元；芒果为田东县农民人均纯收入贡献 2 558.14 元，占全县农民年人均纯收入 13 591 元的 18.8%。芒果产业已逐渐成为农民增收致富的主要产业。芒果产业辐射带动 28 个贫困村，占田东县贫困村总数的 52.83%，累计有 0.27 万贫困户 1.16 万人依靠种植芒果告别了贫困，走上致富的道路[1]。

5.2.6　对广西田东县电子商务销售芒果的综述及展望

广西田东县芒果电子商务销售充分利用地理自然资源优势，不断扩大种植面积和改良品种，抓住电子商务发展的时机，在全县掀起了芒果电子商务风暴。全县充分发挥了自然资源的禀赋，芒果产量非常大，果的特性跟电子商务网销产品特征吻合，消费大众化，果品适合运输，成本低廉。政府重视助推电子商务销售，芒果产业是田东县重要的农业支柱产业，产值非常大，从业人员多。大产值催生了一大批资本的进入，尤其是电子商务企业和物流企业入驻田东给芒果电子商务销售直接注入了活力，网店、微商的参与更是助燃了田东县芒果的电子商务销售。一个县城一个芒果，引起了政府的高度关注。连续举办了 13 届"芒果节"，有 360 多家相关企业，90 多家合作社，3 500 多家网店、微商，从业人员 6 万多人。在此基础上，田东县芒果电子商务销售的成功

---

[1]　数据来源：广西农业信息网。

水到渠成。目前，田东县正在实施电子商务进农村综合示范项目，电子商务的农产品上行、物流等基础性条件将会得到改善，政府对电子商务的管理服务能力将会进一步增强，电子商务的营商环境更优，将会吸引更多的资金进入田东县的电子商务行业，电子商务人才的吸引力将会增强，更多的优秀人才进入田东县的电子商务，田东的电子商务发展规模将会更大，期待田东电子商务进入一个新的台阶。

5.3 广西横县阿里巴巴农村淘宝电子商务案例分析

5.3.1 阿里巴巴农村淘宝的背景

随着互联网经济的深入发展，电子商务更加深入社会生活的方方面面。在此背景下，阿里巴巴集团出台了"千县万村"计划农村淘宝项目，与各地政府深度合作，以电子商务平台为基础，通过搭建县村两级服务网络，充分发挥电子商务优势，突破物流、信息流的"瓶颈"，实现"网货下乡"和"农产品进城"的双向流通功能，计划在3～5年时间里投资100亿元人民币，在全国范围内建立1 000个县级运营中心和10万个村级服务站。2014年，阿里巴巴集团与广西区政府达成协议，在广西信息化基础较好的县实施农村淘宝项目。横县是广西唯一一个全国首批农村信息化综合信息服务试点县，2014年，横县淘宝网购总额达1.5亿元，用户达3.3万人。2015年7月21日，横县与阿里巴巴集团达成合作意向，实施"农村淘宝"项目，这是阿里巴巴集团在广西建设的第一个示范县。

5.3.2 阿里巴巴农村淘宝的实施

横县与阿里巴巴集团达成合作后，得到了政府的大力支持，非常重视农村淘宝项目的实施（图5-3）。首先在横县县委一级层面成立了电子商务发展领导小组，接着在横县政府抽调人员成立横县电子商务办公室。组织领导机构的成立，标志着横县农村淘宝项目正式进入实施阶

图5-3 横县与阿里巴巴签约农村淘宝项目

段。横县县委和政府的高度重视是农村淘宝项目成功实施的前提和保障，促进横县各职能部门开始高速运转，使得这项对横县具有重大意义的电子商务工程在横县大地浩浩荡荡的推进。首先在思想上，横县政府统一了认识，把农村淘宝项目视为解决横县电子商务发展"瓶颈"问题的契机，因为横县电子商务发展存在人才、资金、技术等关键性问题。目前，世界级的电子商务领头企业支持横县的发展，全县抓住这个千载难逢的机会好好发展横县电商，好好服务当地老百姓。横县政府制订详细的工作计划，调配各项资源与世界级的电子商务企业开展合作，工作部署开始有条不紊地进行。政府的组织能力发挥得淋漓尽致，各层级的干部充分发挥组织的作用，村一级的干部在项目实施中更是功不可没。广泛的组织动员使得横县所有的乡镇都按计划建设了农村淘宝服务站点。

阿里巴巴在"千县万村"计划中，更是把农村淘宝项目视为阿里巴巴的战略性工程。在实施过程中采用"大兵压境"的态势执行该项目，在全国战略上调配资源，在横县项目上输出资源和模式。在模式上，农村淘宝采用了合伙人的形式，农村淘宝服务站直接是淘宝的合伙人，阿里巴巴做到了统一形象，统一服务标准、统一管理，农村淘宝乡镇服务站和村级服务站直接纳入阿里巴巴的战略框架里，这也是农村淘宝服务站建成后生存发展的重要保证。农村淘宝服务站纳入阿里巴巴的战略框架，对合伙的资质要求自然成了阿里巴巴考核的重要指标。为了保证农村淘宝的服务统一、标准统一，阿里巴巴在横县实施农村淘宝项目时，对合伙人采用招募的形式。在横县政府的配合下，对合伙人的遴选从培训开始。面对乡（镇）和村的电商人才的匮乏情况，阿里巴巴对横县广大有意参加合伙人计划的人群进行考核式的培训，考核通过后才有资格成为农村淘宝项目的合伙人。成为合伙人后，淘宝大学再对合作人进行下一轮计划的实施，始终保证农村淘宝的品牌和服务标准，从而保证了合伙人的生存。在农村淘宝项目中，阿里巴巴始终专注于企业，把品牌、知识产权、成长模式输出到了乡（镇），从而构建了农村淘宝项目的良好生态（图5-4）。

图 5-4　横县农村淘宝服务中心开业

5.3.3　横县农村淘宝项目实施的意义

横县农村淘宝项目的实施，对横县来说是一个难得机遇。

（1）阿里巴巴把淘宝的模式、品牌、知识产权输出到了乡村，使得乡村很快步入了电子商务时代，把电子商务的理念带到乡村，乡村融入了新的思想和事物，触动了广大乡村人民的思想。电子商务作为一种思潮第一次近距离地与古老的乡村发生碰撞并亲密接触，产生了思想的火花。

（2）农村淘宝项目进行了大量电子商务培训，电子商务技术在乡镇、乡村播下了种子，点燃了乡村电子商务的激情，许多经过培训的青年人开始利用电商进行创业，解决了许多青年的就业问题，也解决了许多脱贫致富问题。新技术的注入使得很多农民无法触及的"梦想"有了实现的可能。

（3）农村淘宝项目的实施，使横县的电子商务基础设施得到了极大改善，建成了覆盖全县的农村淘宝服务站和物流配送服务站，这"两站"也是农村电子商务最大的"瓶颈"，农产品上行、工业品下行、"最后一公里"的电子商务问题都可在农村淘宝实施后得到解决。

（4）服务了经济发展、服务了老百姓。农村淘宝项目服务了当地的老百姓，老百姓在项目的实施中确实感受到了实惠和好处，享受到网络信息带来的便利和改变，提高了老百姓生活的幸福感。同时，也服务了经济的发展，农村淘宝项目实施后农村的特产搭上了电子商务的快车，产品可以更加便捷快速地销售出去，促进了农村电子商务经济的繁荣。此外，农村淘宝项目的实施也催生一大批就业岗位，服务站点的发展已经提供了许多就业岗位。最重要的是农村淘宝"两站"的建设直接服务了当地的农业企业，为农业企业提供了最直接的电子商务技术服务，孵化了一大批有特色的农业企业参与电子商务成了网商，服务促进了经济发展。

横县农村淘宝项目的实施产生了巨大的经济效益和社会效益。项目的实施奠定了横县电子商务的基础，完善了横县电子商务的基础设施；培养和储备了一大批电子商务人才，尤其是青年电子商务人才；有效地促进了横县农村信息化的建设，孵化了一大批网商企业，服务了横县支持产业——茉莉花产业；有力地支持脱贫攻坚，也成功打造了阿里巴巴"千县万村"的典范。

综上所述，横县阿里巴巴农村淘宝项目的成功实施得益于以下几个方面。①企业与政府间的合作非常紧密，默契配合度非常高，合作双方的共同需求点和不同需求点都能在合作的过程中包容发展，所有分歧都在合作共赢的主导下降解。企业把合作看成是战略需要，抢占先机，抢占农村市场，扩大企业的品牌影响力。政府把合作看作是机会，当作是为民办事、服务民生的重要项目契机。在合作的过程中，随着项目的推进，不仅实现了双方共赢了，还实现了多方共赢。②农村淘宝项目是一个民生项目。在实施的过程中产生了巨大的经济效益和社会效益，惠及了县域内的大部分老百姓，切切实实地改变了农村电商的格局，把电子商务技术带到了乡村，带到了田间地头，让乡村的普通老百姓有机会接触电子商务、学会电子商务、利用电子商务，享受电子商务带来的思想和行动的改变。有人利用电子商务购物，享受它带来的便利；有人利用电子商务创业，把农产品销售出去，实现了脱贫致富。③项目实现过程中阿里巴巴充分发挥了行业技术优势。阿里巴巴深耕电子商务领域，非常清楚农村电子商务的痛点。人才匮乏，物流、信息流不通畅成为农村电子商务的最大障碍。在项目的实施过程中，阿里巴巴采用合伙人制度，把服务站的日常管理工作交给合伙人的同时，对合伙人进行培训扶持，解决合作制度中存在的人才技术问题，把淘宝的品牌、管理、模式、标准输出到服务站，与服务站共同成长。

5.4 广西农垦茶叶集团有限公司天猫旗舰店电子商务案例分析

5.4.1 广西农垦茶业集团有限公司简介

广西农垦茶叶集团有限公司成品茶年生产加工能力 20 000 吨，拥有近 6 万平方米生产加工车间，先进的名优绿茶、红茶、青茶（乌龙茶）和黑茶生产线 16 条，主要有绿茶、红茶、青茶（乌龙茶）和黑茶（紧压茶）四大茶类以及茉莉花茶、桂花茶系列共 30 多个品种，统一以"大明山"为注册商标。绿茶、红碎茶 2003 年获"广西名牌产品"称号；绿茶 2008 年获"中国名牌农产品"称号；2008 年实施农产品质量追溯建设项目，产品实现"从农田到餐桌"的全程质量追溯，是广西目前唯一具有产品"身份证"的茶业企业；2008 年和 2010 年被评为"广西优秀企业"；2010 年荣获"建国以来广西 60 周年最具影响力品牌"称号。该公司产品在历届全国最高档次的名优茶评比"中茶杯"评选中,"金六堡""碧玉剑""盘龙王""红金龙""黄金龙"茶等获得特等奖、一等奖等共10多个奖项;在历届广西最高档次的名优茶评比"桂茶杯"评选中,"碧玉剑""盘龙王""黄金龙""八桂红""红金龙""金六堡"茶等获得包裹金奖在内的特等奖、一等奖、二等奖共30多个奖项。长期以来,该公司以其过硬的质量、可靠的信誉和周到的服务,在同行业中享有良好的声誉。研发新产品、增加产品科技含量、提高产品附加值是公司把产品调优、把产业调特、把效益调高的企业自主创新的着力点。《广西乌龙茶加工技术研究》《"广西绿乌龙"茶产品研究和开发》《金萱茶树品种开发多茶类研究》三项自治区科技进步三等奖的获得以及《广西农垦有机茶综合技术开发》《广西大叶种饼茶(后发酵茶)加工技术研究》《6CCR-75型连续式热风杀青机》《高职院校"结对子"帮扶发展模式的实践研究》和《功夫乌龙(黄金龙)茶新产品的研究与开发》等科学技术研究成果的取得,有效地推动了公司名优产品的多样性,同时也标志着广西农垦茶业产业进入了一个新的发展时期,将有力地推进广西农垦茶业全面又好又快地发展。① 广西农垦茶叶集团有限公司是一家大型国有茶叶集团,从其官网的介绍中可以看出,该公司是一家制茶技术非常先进的公司。

5.4.2 校企合作单位介绍

广西农垦茶叶集团有限公司下属28家企业和2家事业单位,其中广西职业技术学院就是其中之一。广西职业技术学院不断创新多元化合作办学体制机制,深化校企合作、产教融合,牵头组建了由128家国内、外行、企、校、研组成的学校理事会、中国茶业职业教育集团、广西茶业职业教育集团、广西物流职业教育集团、中国—东盟边境职业教育联盟、中国农垦职业教育联盟实体化运作的产教融合平台,以"项目+人才+技术"的利益链为纽带,共建具有混合所有制特征的产业学院和技术服务中心,开展人才培养、技术服务、社会服务等

---

① 来源:广西农垦集团官网。

项目 50 余项，充分发挥"一会三集团两联盟"在整合社会资源办学、推动合作育人等方面的作用，形成校、企命运共同体。①

5.4.3 "校中厂"天猫旗舰店的诞生

广西职业技术学院牵头成立了中国茶叶教育集团、广西茶叶教育集团、广西物流职业教育集团、中国农垦职业教育联盟实体化运作的产教融合平台。在此背景下，校、企合作产教融合有了实质性的支撑载体。广西农垦茶叶集团有限公司专注于茶叶的生产科研，广西职业技术学院专注于专业技术的应用和服务社会。它们都同属一个系统又各有专长，于是它们的合作便成了校企合作的典范，企业的产品与院校的专业合作诞生了"校中厂"。广西农垦茶叶集团有限公司与广西职业技术学院校企合作，发挥广西职业技术学院电子商务专业的技术优势与广西农垦茶叶集团有限公司的优势，广西农垦茶叶集团有限公司在天猫电子商务平台设立旗舰店，天猫旗舰店的运营管理交由广西职业技术学院电子商务专业执行，双方在校内成立大明山茶叶天猫旗舰店运营中心。广西农垦茶叶集团有限公司负责产品研发生产，广西职业技术学院电子商务负责产品包装、品牌策划、产品定位、市场开拓、网络营销、市场营销等线上线下立体销售的全方位服务（图 5-5）。

图 5-5　广西农垦茶叶集团有限公司领导询问学生实训工作

---

① 资料来源：广西职业技术学院官网。

5.4.4 校企合作电子商务运营的意义

案例中的广西农垦茶叶集团有限公司是一家非常著名的集茶叶种植、生产、加工、科研于一体的茶叶集团公司，主业集中在茶叶的种植、产品的研发、产品的加工生产方面，在电子商务方面的经营管理尤其是产品销售方面并不具备市场竞争优势。广西职业技术学院专注职业教育的技术应用领域，在电子商务方面的研究和应用具有较好的应用基础。两者的结合，发挥了各自的优势，整合了双方的资源，实现了强强联合。企业把主要的精力专注于主业，更利于企业发挥技术优势，学校把职业场景应用于专业教学，对人才培养更加高效。"校中厂"项目的实施就是把双方的优劣势进行互补。企业既节省了大量的人力物力，又可以获得先进的电子商务技术支撑；职业院校在企业的帮助下进行优化人才培养方案和课程建设，合作中获得鲜活的教学样本，使人才培养更具有时代性和实用性，人才培养质量更高。

校、企合作产教融合的模式开展电子商务是许多不具备电子商务技术和人才储备的企业进行的有益尝试。校、企合作产教融合"校中厂"或者"厂中校"的形式都是企业开展电子商务的模式选择。广西农垦茶叶集团有限天猫旗舰店电子商务案例给许多企业带来了启发。

综上所述，校、企合作产教融合式的电子商务，能大大降低企业的运营成本，能快速让企业获得最前沿的信息技术。但是，校、企合作需要双方通力合作，注意企业的高效率要求和学校的研究性、教学性的矛盾问题。本案例成功的主要原因有以下几点：一是合作双方都属于一个系统的单位，彼此之间的合作信任和合作基础比较成熟，双方的合作只需在一定条件下即可达成；二是合作双方的合作需求非常吻合，企业在合作中获得想要的电子商务技术，用较少的资金就可以解决企业开展电商需要的资金、技术和人才的问题。学校在合作中获得部分资金和企业管理标准等方面的需求，实现人才培养的高质量目标；三是合作双方都各具格局和实力。企业是大规模企业，拥有品牌、技术优势；学校是名牌学校，技术和服务能力过硬。这些因素促成了该合作，成了校、企合作产教融合的经典案例。

5.5 广西凌云县电子商务进农村综合示范县案例分析

5.5.1 凌云县实施电子商务进农村综合示范县的电子商务基础

凌云县在2015年的政府报告中明确提出加快推进电子商务综合服务平台建设，大力支持行业电子商务、农村电子商务、社区电子商务发展。2015年8月10日，在凌云县人民政府关于印发凌云县贯彻落实区市稳增长工作实施方案的通知中，提到积极促进消费扩大贸易，提升三产支撑作用逐步发展电子商务。年内争取成立电子商店两家以上，筹建特色工农产品电子商务展览馆。

2015年9月8日，凌云县人民政府办公室关于印发《凌云县创建广西富硒农产品基地县工作实施方案的通知》中，提到要充分利用现代物流、电子商务等新型流通手段，促进富硒农产品交易方式的现代化和多元化，拓展营销渠道。2015年，在凌云县人民政府关于印发《凌云县茶叶产业发展扶持和奖励办法的通知》中，提到鼓励茶叶企业积极发展电子商务，茶叶企业每年在电子商务网络平台销售茶叶产品价值10万元人民币以上的，奖励2 000元人民币，销售20万元人民币以上的，奖励4 000元人民币，销售30万元人民币以上的，奖励6 000元人民币，以此类推。

在2016年政府工作报告《加强"三农"工作，努力实现农业增效农民增收》中提到，要加大农村电商投入。2016年3月30日，凌云县县长在全县2016年脱贫攻坚部署会上的讲话中提到，凌云县要实施电子商务扶贫行动，实现新型产业扶贫到村到户。依托阿里巴巴·百色产业带和淘宝网"特色中国·百色馆"、京东商城、一号店和微店百色特产馆等电子商务平台，加大投入，加强网络电子商务基础设施、服务网点建设，整合全县9个物流配送网点，创建电子商务平台一个以上。强化产销对接服务，依托茶叶、油茶等特色生态有机农产品，培育一批"互联网+特色农业"知名品牌。

积极参与电子商务示范县建设,加强村干部、大学生村官、带头人电商知识培训,帮助贫困户对接电商平台,实现电子商务扶贫脱贫200人。2016年3月9日,凌云县县长在全县农村工作会议上的讲话中提到,电子商务建设要取得新进展,积极参与建设电子商务公共服务平台。2016年8月凌云县人民政府发布了《关于成立凌云县电子商务产业发展领导小组的通知》文。2016年8月,凌云县实施2016年"党旗领航·电商扶贫"工程[①]

5.5.2 凌云县电子商务进农村综合示范县实施

2017年1月,凌云县政府印发《凌云县电子商务进农村综合示范项目实施方案》,具体内容如下。

为加快推进我县电子商务进农村综合示范项目工作开展,根据中华人民共和国财政部办公厅、中华人民共和国商务部办公厅、国务院扶贫开发领导小组办公室行政人事司《关于开展2016年电子商务进农村综合示范工作的通知》(财办建〔2016〕82号)、《商务部办公厅关于印发〈农村电子商务服务规范〉(试行)和〈农村电子商务工作指引〉(试行)》的通知(商建字〔2016〕17号)、《广西壮族自治区商务厅、财政厅扶贫办关于做好电子商务进农村综合示范中央财政补助项目及资金管理有关工作的补充通知》(桂商建发〔2016〕15号)精神,对照资金使用总额(3 203万元,其中补助资金为1 500万元,政府配套资金963万元,企业自筹740万元),项目支持时间节点(2016年9月1日至2017年12月31日),结合我县实际情况和要求,制定本方案。

一、县、乡(镇)、村三级物流体系建设

1. 建设内容:对物流企业实体仓库、配送中转仓,配置分拣传送机、商品货架、小型升降叉车、计算机和办公设备、物流车等固定资产新增投入部分,以及仓储、进销存管理软件。泗城镇并入县级,县级物流仓储的经营面积不低于1 500平方米,乡(镇)级建仓储物流配送中转仓,经营面积不低于100平方米。

---

① 数据来源:凌云县官网。

按照我县实际，建设下甲镇、朝里乡、伶站乡、沙里乡、逻楼镇、加尤镇、玉洪乡等7个乡（镇）物流中心，力洪村及东和村等两个村级物流中心，其他村级暂不建设物流中心，以乡级物流中心和村服务网点直接承担仓储和中转。

2. 承建单位：由县商务局、交通运输局、广西通程振凌物流有限公司负责。

3. 资金安排：项目总投资不超过715万元，专项资金补助不超过500万元，企业自筹不超过215万元。

4. 支持条件：县级物流仓储的经营面积不低于1 500平方米，乡镇级经营面积不低于100平方米。原则按不超过投资总额的70%核定补助金，实行一次性补助。

二、县、乡（镇）、村三级服务体系建设

（一）县级服务中心建设

1. 建设内容：建设凌云县（含泗城镇）电子商务进农村服务中心，含公共服务区、多平台运营服务区、会客室、会议室以及运营维护管理等。

2. 承建单位：由县商务局、广西凌云县赶街电子商务有限公司负责。

3. 资金安排：项目总投资不超过1 143万元，其中专项资金不超过300万元，政府配套不超过443万元，企业自筹不超过400万元。

4. 支持条件：

（1）公共服务区：

①经营场地面积不低于100平方米；

②具备人社部门认定的创业基地；

③经营时间不低于两年；

④按投资总额的70%核定补助资金一次性补助。

（2）各平台运营服务区以及各个功能区：

①经营场地面积不低于300平方米；

②经营时间不低于两年；

③按投资总额的70%核定补助资金一次性补助。

（3）县级公共O2O展示中心（凌云特色馆）：

①经营场地面积不低于200平方米；

②经营时间不低于两年；

③按投资总额的70%核定补助资金一次性补助。

（4）大数据（线上服务平台系统）：

具备以下几个功能模块：

①电子商务资讯，统计分析；

②服务内容展示；

③电子商务（远程）培训；

④本县电子商务企业展示。

（5）县级孵化运营与展示宣传区：

①经营场地面积不低于200平方米；

②经营时间不低于两年；

③按投资总额的70%核定补助资金一次性补助。

（6）业务培训区：

①建立业务培训区，对电商进农村业务提供培训场地支持。提供可支持100人以上同时可供20人以上上机操作的集中培训场地，提供多媒体投影设备、课程录制设备等一系列支撑品牌和业务培训开展的集中培训场所。

②经营时间不低于两年；

③按投资总额的70%核定补助资金一次性补助。

（7）普及宣传电子商务进农村知识：

①建设内容：印制《电商进农村宣传普及手册》20 000册、印制《电商进农村实战操作手册》10 000册；在县内主要道路入口、商业繁华地段、乡（镇）主要街道、村落聚集区等地方，做灯箱广告、平面广告、墙面广告以及各种宣传横幅、标语等；通过文艺表演等形式，到各乡镇和部分有条件的村进行宣传演出，不低于20场；通过政府网站、公众号、微博、微信等自媒体进行宣传，营造我县农村电商发展新氛围。

②在2017年11月底前完成。

(二) 乡（镇）级服务中心建设

1. 建设内容：建设下甲镇、朝里乡、伶站乡、沙里乡、逻楼镇、加尤镇、玉洪乡等 7 个乡（镇）级电子商务服务站。

2. 承建单位：由县商务局、广西凌云县赶街电子商务有限公司承建。

3. 资金安排：总投入不超过 70 万元，其中专项资金补助不超过 56 万元，政府配套不超过 14 万元。

4. 支持条件：

（1）经营场地面积不低于 40 平方米。

（2）每个点的投资强度不低于 10 万元（含房租、水电、空调及装修）。

（3）经营时间不低于两年。

（4）按以奖代补的方式核定补助，原则上每个服务站按不超过投资总额的 80% 核定一次性补助。

(三) 村级服务中心建设

1. 建设内容：建设 60 个村级电商服务点，包括计算机、办公台、打印机、电话、门店标识、门店装修、房屋租赁等。

2. 承建单位：由广西凌云县赶街电子商务有限公司承建。

3. 资金安排：总投入不超过 150 万元，其中专项资金补助不超过 44 万元，政府配套不超过 106 万元。

4. 支持条件：

（1）每个服务点面积不低于 20 平方米。

（2）每个点的投资强度不低于 2.5 万元（含房租、水电、网络及装修）。

（3）经营时间不低于两年。

（4）原则上每个服务点按不超过投资总额的 80% 核定一次性补助。

三、农村电子商务培训体系建设

（一）管理人员培训

1. 建设内容：组织人员参加自治区商务厅统一组织的管理人员培训，配合进行相关工作。

2. 承建单位：由自治区厅（局）统筹。

3. 资金安排：80万元，由专项补助资金安排。

4. 支持条件：实行一次性补助。

（二）应用人员培训

1. 建设内容：一是建设基层培训场所，配置授课设施，包括多媒体、计算机等；二是对县、乡（镇）、村、政府机关、企业、合作社工作人员和农民等对象，实施不同层次、不同类别的基础知识培训、网上开店及技巧、网购操作等培训；三是培训人数不少于10 000人次（含管理人员培训）。

2. 承担单位：由县商务局等部门负责。

3. 资金安排：总投资不超过120万元，其中专项资金不超过20万元，政府配套不超过100万元。

4. 支持条件：实行一次性补助。

四、支持农村电子商务品牌培育和质量保障体系建设

（一）农村电子商务品牌培育

资金安排：农村电子商务品牌培育总投资不超过515万元，其中专项资金补助不超过250万元，政府配套200万元，企业自筹不超过65万元。

具体项目：

1. 品牌宣传推广

（1）建设内容：策划举行宣传推广、品牌各活动启动仪式、产品上线、电子商务大赛、电子商务峰会等大型活动推广宣传。

（2）承建单位：由县商务局、凌云县农业投资有限公司承建。

（3）资金安排：专项资金补助金额不超过50万元，政府配套100万元，企业自筹15万元。

（4）支持条件：符合电子商务发展需求，同时推出凌云名片，并有一定影响力和知名度。

2. 凌云农村电子商务产品统一品牌培育

（1）建设内容：建立凌云特色产品品牌组团，如凌云白毫等，统一进行品牌建设、推广、宣传等培育工作。

（2）承建单位：由县商务局、农业局、质量技术监督局、食品药品监督管理局、水产畜牧兽医局、茶叶管理中心、凌云县农业投资有限公司承建。

（3）资金安排：专项资金补助金额不超过100万元，政府配套50万元。

（4）支持条件：符合要求的品牌组团建设，实行一次性补助。

3. 凌云农产品特色产业建设

（1）建设内容：挖掘和创建凌云农特产品品牌，如山茶油、红薯粉、山泉水、乌鸡等，至少建立三个有一定影响力的品牌，并创建成为示范基地，形成完整产业链，以此带动其他产业的发展，新增农产品标准化、分级包装、初加工设施、科研创新建设等基础设施项目建设。挖掘本县或整合周边县的物产资源，创建单品品牌，在我县指定平台线上年销售在100万元以上的产品，至少创建30个以上单品。

（2）承建单位：由县商务局、农业局、质量技术监督局、食品药品监督管理局、水产畜牧兽医局、茶叶管理中心、凌云县农业投资有限公司承建。

（3）资金安排：专项资金补助金额不超过100万元，配套资金50万元，企业自筹50万元。

（4）支持条件：在凌云注册的电商企业，或者是农产品落地加工企业。符合标准的企业，按不超过投资总额的80%进行补助，创建成为示范基地并形成产业链条的，每个企业补助不超过20万元；单品品牌创建的，每个单品补助不超过3万元。

（二）质量保障体系建设

1. 资金安排

质量保障体系建设，总投资不超过410万元，其中专项资金250万元，政府配套100万元，企业自筹60万元。

2. 具体项目：

1）质量检测中心

（1）建设内容：建立县级农产品检测中心、食品检测中心、生鲜产品检测中心等特色产品检测中心，总补贴金额不超过 100 万元，主要负责所辖专项的检测管理。

（2）承建单位：由县商务局、农业局、质量技术监督局、食品药品监督管理局、水产畜牧兽医局、茶叶管理中心、凌云县农业投资有限公司承建。

（3）资金安排：专项资金补助金额不超过 100 万元，政府配套 50 万元，企业自筹 30 万元。

（4）支持条件：按投资总额的 80% 核定补助资金一次性补助。

2）溯源体系建设

（1）建设内容：质量溯源与质量信用管理软/硬件环境。

（2）承担单位：由广西二维码中心承担。

（3）资金安排：专项资金补助金额不超过 50 万元，配套资金 30 万元。

（4）支持条件：按电商进农村有关文件要求确定。

3）检测成本

（1）建设内容：检测中心运行检测成本支撑。

（2）承担单位：由凌云县农业投资有限公司负责。

（3）资金安排：专项资金补助金额不超过 100 万元，政府配套 20 万元，企业自筹 30 万元。

（4）支持条件：按项目实施进度补助①。

方案的下发，标志着凌云县电子商务进农村综合示范县项目正式实施。之后又下发了《凌云县电子商务进农村项目资金管理办法（试行）》的通知、凌云县电子商务进农村品牌培育方案、凌云县电子商务进农村物流配送体系建设实施方案、凌云县 2017 年电子商务培训工作实施方案、举办 2017 年"党旗领航·电商扶贫"首届电商年货节等文件和通知。这些文件和通知成为凌云县实施电子商务进农村综合示范项目的纲领性文件，是该项目的制度框架。在此框架下，凌云县电子商

---

① 数据来源：凌云县政府网。

务进农村综合示范项目主要从公共服务体系建设、物流配送体系、培训体系、产品追溯体系等四个方面建设。

5.5.3 公共服务体系建设方面

在县电子商务办公室的统筹组织下，结合有关文件精神按照项目建设方案和任务书，按时间节点在全县主要完成了建设县级服务中心1个、乡镇服务中心7个、村级服务中心98个的建设任务。县级电子商务服务中心统一运营管理电子商务，提供电子商务的孵化、农村产品的品牌包装设计、电商销售上行等功能。同时，对外整合淘宝、天猫、1号店、微店、京东等其他平台资源。每个乡镇建设一个服务中心，乡镇级电子商务公共服务中心为本区域内的企业、个体、合作社、市民提供农产品的上行、工业品的下行服务，还承担本区域内农产品的集散。村级服务中心一般只提供代办服务，信息咨询、个人电子商务需求咨询等服务。县乡村电子商务公共服务中心的建设就像布局在凌云大地上一张网联通着整个县的电子商务资源，公共服务体系的建设完成，标志着凌云县电子商务进农村的框架已经形成。电子商务触角通过县乡村三级的服务中心覆盖到了凌云县的所有区域，并且服务中心正朝着专业化、规范化、标准化、品牌化的方向服务凌云的农村电子商务。在此基础上，凌云县又实施了凌云县电子商务进农村品牌培育方案，完善的电子商务基础设施和公共服务中心的孵化培育使电子商务进农村品牌培育的方案实施效果达到了最大化。凌云白毫茶、油茶、桑蚕、牛心李、百香果、红薯、红薯粉、土鸡、土鸡蛋成为农村电商品牌产品。全县有30多个品牌、100多种产品纳入了电子商务品牌产品。农村品牌培育方案中建设了凌云特色O2O展示馆，成为凌云农村品牌的集中营。凌云县公共服务体系服务了本县域内的电子商务企业超过50家，电子商务创业人员达1 000余人，2017年通过电子商务销售额达3 000多万元。

5.5.4 物流配送体系建设

实施农村电子商务最为关键的问题之一就是物流配送问题。项目建成了村级物流站点覆盖率100%。由于农村的交通基础设施落后，物流配送网络不够完善,农村电商的物流成本高等问题成为农村电子商务"最后一公里"问题的集中反映。在实践中,物流配送系统与公共服务系统相辅相成,因地制宜、合二为一是最佳的选择。凌云县在实施电子商务进农村综合示范项目时制定了凌云县电子商务进农村物流配送体系建设实施方案,该方案引导了物流配送体系的建设。

在项目实施中凌云县采用"漏斗"式归集的方式建设物流配送系统。村集中镇、镇集中县的思路减轻了物流配送的成本。方案中提到每天定时定点定线路的物流快件收发系统,快速低成本地解决了物流配送问题。为了鼓励物流配送系统的建设积极性,凌云县还出台了补助政策。物流配送体系建设到村一级,极大地方便了农产品的上行,因为农产品的产地都在乡村,经过建设,打通了凌云农产品通往城市消费群的通道。建设中,凌云县还创新性的建设"高铁无轨站",这一个创新性的举动更是给凌云县的农产品插上了高铁的翅膀。高铁是凌云农产品销往埠外的最快捷通道。仅仅 2017 年,通过高铁无轨站、中铁快运发往全国各地的茶叶、百香果、红薯及红薯粉等农产品就超过 1 万件。

5.5.5　培训系统建设

电子商务进农村的另一关键问题是人才问题。电子商务是一门专门技术,广西凌云县是贫困县电商人才比较少,普通老百姓会使用吗?乡村老百姓如果不会使用,电子商务怎样才能进农村。凌云县在实施电子商务进农村综合示范项目时,制定了《凌云县 2017 年电子商务培训工作实施方案》。如果没有人使用或不会使用电子商务,那就教会他们使用。培训方案中提到全域培训,从县级党员干部开始一直到村委干部,从企业管理人员到合作社带头人再到致富带头人,从网商到微商再到网店主,从下岗职工到贫困户等各层次各类人员全覆盖。项目实施累计开展 124 场(次)培训,培训人员 10 831 人次,其中建档立卡贫困户培训人数 4 963 户(人)。

培训系统的建成,为项目的实施提供了人才支撑。培训让凌云县的老百姓接触了电子商务,使用了电子商务,电子商务致富了老百姓。据统计,2017 年凌云县白毫茶干茶产量达 5 412 吨,产值 45 108 万元,茶农户均收入（按鲜叶产值计算）26 347元，茶农人均收入5 883元。目前，全县利用互联网销售的企业达45家，电子商务创业人员达700多人，通过电子商务销售额达2 000多万元。与此同时，凌云白毫茶、油茶、桑蚕、牛心李、百香果等优势传统产业实现产值约7亿元，辐射带动贫困户14 250户、52 835人①

综上所述，凌云县电子商务进农村综合示范项目还在建设中，其阶段性成果被列入2018年落实有关重大政策措施真抓实干成效明显的地方名单，推进农产品流通现代化、积极发展农村电商和产销对接成效明显的市、县（市、区），2019年自治区优先向商务部推荐，争取国家在电子商务进农村综合示范方面给予倾斜支持。纵观目前的建设情况，项目建设抓住了"牛鼻子"，破解了项目实施的难题。哪里电子商务没有覆盖的就覆盖它，哪里没有物流配送的就建设它，哪里没有人才的就培训它。项目的成功实施，得益于当地政府审时度势、因地制宜的政策，是农村电子商务品牌政策、物流系统建设方案、人才培训计划，更有创新性的"无轨高铁站"，还有"党旗领航·电商扶贫工程"、党旗领航·电商扶贫"我为家乡代言"活动、"党旗领航·电商扶贫电商年货节"等一系列配套政策的实施。

---

① 数据来源：凌云县政府网。

参 考 文 献

[1] 凌云县政府网站：http：//www.lingyun.gov.cn.

[2] 横县政府网站：http：//www.gxhx.gov.cn.

[3] 广西壮族自治区政府网：http：//www.gxzf.gov.cn/gov.shtml.

[4] 广西教育厅网站：http：//jyt.gxzf.gov.cn.

[5] 广西农业农村厅网站：http：//www.gxny.gov.cn.

[6] 广西商务厅网站：http：//gxswt.gov.cn.

[7] 阿里巴巴网站：http：//www.china.alibaba.com.

[8] 董志良，都沁军. 创业型电子商务人才培养的理论与实践 [M]. 北京：经济科学出版社，2013.

[9] 钟苹. 跨境电子商务与快递物流联动发展研究——以广西北部湾经济区为例 [M]. 沈阳：沈阳出版社，2019.

[10] 李林. 信息安全与电子商务 [M]. 北京：光明日报出版社，2017.

[11] 付加术. 电子商务 [M]. 北京：中国农业科学技术出版社，2018.

[12] 苏枫. 旅游电子商务 [M]. 南宁：广西师范大学出版社，2015.

[13] 邵明. 国家电子商务发展丛书——乡村振兴与农村电商发展 [M]. 北京：化学工业出版社，2018.

[14] 徐寿芳. 电子商务案例分析 [M]. 北京：电子工业出版社，2018.

[15] 崔楷. "互联网+" 时代电子商务理论与实践研究 [M]. 北京：中国水利水电出版社，2018